Gert Baumgart

Priester Heiler *Magier*

5000 Jahre Heilkunst

Gert Baumgart

Priester Heiler *Magier*

5000 Jahre Heilkunst

URANUS

Danksagung

Die Entstehung dieses Buches erforderte die Hilfsbereitschaft vieler Personen und Institutionen, von denen ich zu besonderem Dank verpflichtet bin.

Herrn Univ. Prof. Wolfgang Kubelka, Vorstand des Instituts für Pharmakognosie der Universität Wien, weiters Herrn Amtsrat Michael Oberhummer, dem kenntnisreichen Bibliothekar des Instituts für Geschichte der Medizin der Universität Wien, sowie Herrn Dr. Utz Podzeit, Institut für Indologie der Universität Wien, der mir beim Erschließen der entscheidenden Schriften zur indischen Medizin behilflich war.

Mein Dank gebührt auch Herrn Univ. Prof. Malina, Creighton University, Omaha, der mich mit seinen Erkenntnissen über die Medizin zur Zeit der Bibel in persönlichen Gesprächen und durch seine Bücher vertraut machte.

Weiters gilt mein Dank auch jenen Pharma-Firmen, die mir Fachliteratur und Informationen, die sonst für mich nicht greifbar gewesen wären, zur Verfügung stellten. Dies gilt in besonderem Maße für Bayer Austria, Bayer Leverkusen und Dr. Peithner KG/Austroplant.

Nicht zuletzt möchte ich meiner Familie für das Verständnis danken, das sie meiner Arbeit entgegenbrachte, die des öfteren ganze Wochenenden in Anspruch nahm.

Grafische Gestaltung: UMC Verlagsgesellschaft, Wien
Lektorat: Helga Gibs
Druck: Wiener Verlag, Himberg
Auslieferung für Österreich: Mohr Morawa, Wien
Auslieferung für Deutschland: Michaels Vertrieb, D-86971 Peiting, Sonnenbichl 12

Cover: Papyrus Nr. 1452 aus „Papiri Greci e Latini", mit freundlicher Genehmigung der SOPRINTENDENZA ARCHEOLOGICA, Florenz
ISBN: 3-901626-07-7

Inhalt

Vorwort

Seit Jahrtausenden hat die Menschheit Wissen über die Heilkraft von Pflanzen, Tieren, Mineralien und den Einfluß der Gestirne auf die umgebende Natur und den Körper des Menschen angesammelt. Schon der Urmensch verfügte darüber, denn die genaue Beobachtung des natürlichen Geschehens war für ihn überlebenswichtig.

Daß aus dieser Beobachtung – wie wir heute wissen – nicht immer die richtigen Schlußfolgerungen gezogen wurden, muß nicht ausdrücklich erwähnt werden.

Dennoch liegt in diesem „alten Wissen" ein Schatz verborgen, der erst allmählich mit einem gerüttelt Maß an Skepsis gehoben wird, von dem, Mosaikstein um Mosaikstein aneinandergereiht, Erstaunliches und Überraschendes ans Licht kommt.

Mit der Besinnung auf dieses verborgene Wissen stellt sich auch immer öfter heraus, daß vieles, was aus vorwissenschaftlicher Zeit über Generationen hinweg überliefert wurde, moderner wissenschaftlicher Überprüfung durchaus standhält und in seiner Anwendung für den Menschen unserer Zeit eine wertvolle Ergänzung zu heutigen Heilmethoden sein kann.

So war zum Beispiel bei den alten Hochkulturen das, was man heute Lebensstilmedizin nennt, eines der Fundamente der Heilkunst, auf dem erst eine erfolgreiche Therapie aufbauen konnte.

Mit dem Beginn des „naturwissenschaftlichen Zeitalters" ging man daran, wie es der große Physiker Isaak Newton formulierte, „zu messen und zu wägen, was zu messen und zu wägen ist“, und meßbar, wägbar zu machen, was noch nicht meßbar, wägbar war.

Damit traute man aber dem mit dem Instrumentarium der Wissenschaft nur selten exakt nachvollziehbaren Erfahrungswissen nicht mehr. Denn an die Erfahrung läßt sich nicht die Meßlatte exakter Forschung anlegen, scheitern nicht selten die Forderungen an wissenschaftliches Arbeiten.

Daher wurde nur zu oft das „alte Wissen“ als unnötiger Ballast über Bord geworfen. Oft auch mit einem Seufzer der Erleichterung. Denn vieles davon war eben nicht meßbar, wägbar, jederzeit nachvollziehbar, wie es die Wissenschaft fordert.

Dem vermeintlichen Fortschritt wurde „unzeitgemäßer Aberglaube“ geopfert. Heute beginnt man sich damit wieder zu beschäftigen. Und kommt dabei zu dem Schluß, daß das „alte Wissen“ – zumindest teilweise – durchaus Hand und Fuß hat und nicht nur mystisches Brimborium ist. Wie es scheint, bedurfte es aber erst der Strömungen des „Wassermann-Zeitalters“, einer Zeit, die von der Suche nach altem Wissen, von Esoterik geprägt ist, um nicht nur messendwägend in die Medizin der Vorfahren eindringen zu können, sondern auch über das spirituelle Rüstzeug, um die bis heute erhaltenen Quellen im wahrsten Wortsinn hinterfragen zu können.

Am Anfang dieses „alten Wissens“ standen sicher „trial and error“, Versuch und Irrtum. Denn nicht alles, was die Natur bietet, ist dem menschlichen Körper förderlich. Man denke nur an die Tollkirsche oder an das Schierlingskraut. Aber auch daran, daß, wie es Paracelsus formulierte, „nur die Dosis das Gift macht“... Und man möge auch nicht vergessen, daß ein Teil der schwersten Gifte, die Mutter Natur produziert, heute wie eh und je in starker Verdünnung als wirksame Heilmittel eingesetzt werden.

Über Giftpflanzen sind dicke Lehrbücher geschrieben worden, Generationen von Forschern haben sich damit beschäftigt und dabei entdeckt, daß mit diesen „Naturgiften“ viel Nützliches anzufangen ist. In ganz niedriger Konzentration nämlich kann aus einem schweren Gift ein Heilmittel werden, wie das zum Beispiel mit den Herzglykosiden der Fall ist. Dieses Verfahren der „Super-Verdünnung“ ist unter anderem von Samuel Hahnemann aufgegriffen und als Homöopathie dem Menschen nutzbar gemacht worden.

Mit diesem Aspekt der Natur, von dem unzählige Romanautoren lebten, ist auch die Weltgeschichte gespickt. Man denke nur an Sokrates, dem man den Schierlingsbecher reichte, oder an die für ihre Giftmischkünste berühmt-berüchtigten Borgia-Päpste. Man denke aber auch daran, daß mit Giftpflanzen – richtig angewendet – unzählige Leben gerettet werden konnten.

Ohne die Hilfsmittel der modernen Wissenschaft, ohne hochtechnisierte chemische Verfahren, ohne Computersimulation wurde schon vor Jahrtausenden ein Wissensschatz erstellt, der noch heute durchaus kritischer wissenschaftlicher Prüfung standhält. Zur Zeit besteht, so hat eine amerikanische Studie ergeben, rund ein Drittel der medizinischen Präparate aus Naturstoffen bzw. aus Abwandlungen davon.

Große Pharmakonzerne haben in der Vergangenheit – und tun es heute noch – aufwendige Expeditionen in die Urwälder der Tropen geschickt, um Heilpflanzen ausfindig zu machen und deren Inhaltsstoffe zu studieren.

Dennoch wird dieses Wissen nur zu oft von der etablierten Forschung als Humbug, als mystisch verbrämte Spintisiererei abgelehnt. Und nach dem Motto, daß nicht sein kann, was nicht sein darf, auf die Müllhalde der „Pseudowissenschaft“ verbannt.

Andererseits, auch das muß einmal deutlich gesagt werden, haben sich doch nicht wenige Teile des „alten Wissens“ als falsch, als unbrauchbar erwiesen. Warum solches Urteil zustande kam, wollen wir hier nicht näher untersuchen. Nur soviel dazu: Gar nicht so wenige der in medizinischen Schriften der Vergangenheit erhaltenen Begriffe ergeben wörtlich übersetzt keinen rechten Sinn. Es ist jedoch bis heute der Forschung nicht gelungen, zu klären, was wirklich damit gemeint war und worauf sich das eine oder andere scheinbar „sinnlose“

Wort bezog – wurde damit vielleicht eine Pflanze bezeichnet, ein Teil des Gewächses (beispielsweise Harz, Blatt, Rinde)?

Moderne Erkenntnisse werden alle paar Jahre umgestoßen und von neuen Ansichten überrollt – die nicht selten, ebenfalls professoral untermauert, das Gegenteil von dem aussagen, was soeben noch als „Lehrmeinung" galt. Resignierend läßt Goethe solche Umkehrungen des wissenschaftlichen Weltbildes seinen „Faust" mit den lapidaren Worten kommentieren: „Es irrt der Mensch, solang er strebt."

Selbst eindeutige Beweise für die Richtigkeit von Teilen dieser „alten Weisheiten" können nur vereinzelt zu Einsichten und zum Um- und Nachdenken darüber führen. Unter vorgehaltener Hand im persönlichen Gespräch wird manches freilich offen anerkannt, was man offiziell ablehnt – etwa ein freilich nicht meßbarer Einfluß der Gestirne auf Pflanze, Tier und Mensch...

Wissenschaftler geben durchaus zu, „in der Fachwelt out zu sein", wenn sie sich „mit solchen Sachen" auf akademischer Ebene befassen. Etwa mit der interessanten Fragestellung: Warum sollen die Planeten keinen Einfluß auf den menschlichen Organismus haben, wenn als gesichertes und unstrittiges Wissen gilt, daß sowohl die Sonne als auch der Mond in das körperliche Geschehen eingreifen und es beeinflussen?

So spricht etwa der renommierte Krebsforscher Prof. Ivan Nagel, der damit beauftragt wurde, ein Institut für Tumorbiologie an der Universität Freiburg aufzubauen, von einem „Vertrauensverlust der Onkologie" (Krebsforschung). Er sagt unmißverständlich: „Die Ablehnung naturheilkundlicher Verfahren durch den Arzt mit wissenschaftlichem Auftrag darf sich jedoch nicht in einer grundsätzlichen Ablehnung der Naturheilkunde als solcher oder gar einer Diskreditierung naturheilkundlicher Tendenzen des Patienten äußern."

Als Resümee seiner Überlegungen führt Nagel an: „Dieser Beitrag soll ein Plädoyer für die Auseinandersetzung der wissenschaftlichen Onkologie mit der naturheilkundlichen sein."

Werfen wir zum Beispiel einen Blick auf die Tierernährung. Weidetiere „wissen“ in vielen Fällen, welche Pflanzen sie essen „dürfen“, und welche ihnen nicht bekömmlich sind. Sie verstehen es auch, bei bestimmten Krankheiten oder Gesundheitsstörungen die „richtige“ Naturmedizin auf der Wiese zu finden. Man beobachte einmal das Weidevieh, welche Pflanzen es auswählt und welches Kraut es partout stehen läßt. (Und wer einer weidenden Kuh „aufs Maul schaut“, wird darüber hinaus taxfrei demonstriert bekommen, was die Ernährungswissenschafter unermüdlich predigen: Gut gekaut ist halb verdaut.)

Es wäre sicher lohnend, sich dieser „Speisekarten“ aus wissenschaftlicher Sicht anzunehmen. Wie es überhaupt lohnt, der Natur viel gründlicher „auf die Finger zu sehen“. Denn sie zeigt uns tagtäglich die für ein Jahrmillionen langes Überleben nötigen Verhaltensweisen und Strategien – sowohl was Ernährung als auch andere Bereiche der Gesundheit betrifft. Man denke nur an das Belecken von Wunden, das den Zweck hat, durch antibakterielle Substanzen im Speichel eine Wundinfektion zu verhindern.

Zum Großteil verdrängt wird die wissenschaftlich durchaus belegbare Tatsache, daß etwa Pflanzen ihre Inhaltsstoffe stufenweise aufbauen. Daß es also durchaus seinen Sinn hat, etwa ein Kräutlein bei Vollmond zu ernten, denn genau dann ist ein Maximum an Wirkstoffen in der absolut besten Kombination vorhanden. Und langsam beginnt es auch schon einigen Pharma-Unternehmen zu dämmern: In der Natur gibt es keine Monosubstanzen. Die Natur arbeitet immer mit einem Substanzgemisch. Denn wie heißt es doch so richtig? „Das Ganze ist mehr als die Summe der Einzelteile.“

Nicht ohne Grund wurden in vielen Kulturen Bäume als Inkarnationen von Gottheiten verehrt. Man kannte ihren Nutzen für den Menschen, für den gesamten Naturhaushalt und wußte ihn zu schätzen. Man kannte aber auch die Heilkraft von Rinde, Blättern, Früchten. Und versucht sie heute auch fallweise im Labor „nachzubauen“. Molekülingenieure „basteln“ am Computer an den verschiedensten Konfigurationen, um die Heilkraft der Natur zu verbessern – und nehmen damit Nebenwirkungen in Kauf, die es beim Naturprodukt nicht gibt. Sie übersehen dabei auch, daß nicht nur die eine chemische Verbindung, die sie isolieren, allein ausschlaggebend ist, sondern daß dabei noch viele andere Faktoren mitspielen. Wie etwa Sonnentage, Lichtverhältnisse, Bodenverhältnisse, Versorgung der Pflanze mit Nährstoffen und noch einiges mehr.

Das „alte Wissen“ wurde innerhalb von knapp 150 Jahren total verschüttet durch einen Schwall an – oft atemberaubenden – wissenschaftlichen Erkenntnissen. Doch immer öfter machen sich Forscher die Mühe, nachzugraben – und werden fündig. „Überraschenderweise“, wie sie sagen. Obwohl es keineswegs überraschend ist.

Seit wenigen Jahrzehnten dämmert es – auch Medizinern – langsam, daß der Mensch als Teil dieser Natur auf Gedeih und Verderb mit deren Wohlbefinden verbunden ist und sich ihren Gesetzen zu beugen hat.

Ich begegnete einmal einem japanischen Arzt (in Salzburg, nicht in seiner Heimat), der einer erkrankten Patientin, bevor er ihr eine Arznei verabreichte, die Frage stellte: „Wie groß und wie schwer sind Sie?“ Erst danach gab er die Dosierungsanweisung. Und er sagte auch nicht: „Dreimal täglich“, sondern gab wohlüberlegte Zeitpunkte an. Denn der dem Körper eigene Biorhythmus hat in diesem Fall das entscheidende Sagen.

Ein Medikament, das etwa um die Mittagszeit, wenn der Stoffwechsel gerade in einer „Tiefphase“ ist, eingenommen wird, kann nur schlecht verarbeitet werden. Folgt aber dann wenige Stunden darauf der dritte „Medikamenten-Durchgang“, trifft diese Ration auf den noch nicht verarbeiteten Teil der Mittagsdosis. Die Folge: Die Wirkung fällt viel stärker aus als beabsichtigt.

Sonne und Mond beeinflussen nicht nur Arzneimittelwirkungen, sondern auch andere Körpervorgänge. Weshalb auch durchaus ernstzunehmende Chirurgen meinen, daß es nicht immer zielführend sei, zu jeder beliebigen Tageszeit zu operieren. Denn die

Heilungschancen sind in der „richtigen“ Phase des Biorhythmus viel besser als zur „falschen“ Zeit. (Was sich übrigens nicht unbedingt auf die einzelnen Mondphasen beziehen muß.)

„Ihr Völker, begreift doch endlich einmal, daß die Natur euch vor der Wissenschaft bewahren wollte!“ Dieser Ausruf Jean Jacques Rousseaus verhallt heute nicht mehr ganz ungehört. Wenngleich man dieser Äußerung in ihrer überspitzten Form nicht zustimmen kann – im Kern trifft sie die Sache ziemlich genau.

Der Krebsforscher Prof. Ivan Nagel formuliert zu diesem Thema: „Bei allem Stolz auf die Leistungen unserer wissenschaftlichen Medizin sollten wir einsehen, daß unser naturwissenschaftlich begründetes Medizinsystem Grenzen hat, die wir letztendlich durch das Bekenntnis zu den Prinzipien der Wissenschaftlichkeit selbst bestimmt haben. Unsere Medizin hat innerhalb dieser Grenzen Gültigkeit, außerhalb derselben beginnen andere medizinische Welten, die für den suchenden Menschen vielleicht ebenso wichtig sind und die zu qualifizieren uns erst zusteht, wenn wir uns gründlich mit ihnen beschäftigt haben.“

Viel „altes Wissen“ ist noch in den Kulturen Asiens vorhanden. Etwa das Prinzip der Akupunktur. Oder die Lehren des Ayurveda. Genauso wie die „fünf Tibeter“ oder Yoga. Auch wird heute wieder auf die Kenntnis der Heilpflanzen der Hochkulturen Asiens, wie etwa die Ginsengpflanze, zurückgegriffen.

Die moderne Forschung beginnt allmählich die Spreu vom Weizen zu trennen und damit auch das „alte Wissen“ zu erforschen. Noch, so scheint es, ist man erst mit halbem Herzen dabei, immer ängstlich darauf bedacht, innerhalb der Grenzen des „wissenschaftlichen Weltbildes“ zu bleiben, um nur ja nicht in den Verdacht der Scharlatanerie zu geraten, weil man sich mit „diesen Dingen“ auseinandersetzt.

Dennoch kommt die ganzheitliche Sicht immer mehr zum Zug. Man beginnt zu verstehen, daß auch der Mensch ein „vernetztes System“ ist, wie es Frederic Vester so plastisch ausdrückte. Das heißt, konsequent weitergedacht, daß nicht ein Organ krank ist, sondern daß im gesamten Organismus „Fehlsteuerungen" auftreten, die letztendlich zu Krankheiten führen. „Fehlsteuerungen", die im übrigen auch psychisch ausgelöst sein können und die daher auch durch ein Ins-Lot-Richten der seelischen Situation wieder verschwinden.

Auch dieses Wissen um die seelisch-körperlichen Zusammenhänge, die Psychosomatik, war den Ärzten vergangener Epochen nicht unbekannt. Im Gegenteil, sie machten reichlich Gebrauch davon. Bei unserem Streifzug durch die einzelnen Epochen der Medizingeschichte wird der Leser in diesem Buch miterleben können, wie sich zwar die wissenschaftliche Erkenntnis erweiterte, wie jedoch der Mensch zu allen Zeiten „Mensch" geblieben ist, also eine Einheit von Seele und Körper. Man wird aus den Rezeptsammlungen der alten Ägypter, der Assyrer, Römer und so weiter ersehen, daß immer wieder psychische „Verstärker" eingebaut wurden – und zwar in Form spezieller „Beschwörungssprüche". Nach dieser psychischen Vorbereitung auf das Gesundwerden – und nichts anderes sind diese Sprüche – ging dann der Arzt zu Werke und verordnete seine Medizin. Immer wieder stößt man darauf, daß der Magier (Medizinmann, Schamane oder wie immer er heißen mag) als eine Art „Wegbereiter" für den wirklich Heilkundigen tätig ist.

Ein derart umfangreiches Thema wie das der „alten Medizin" kann nur in Streiflichtern dargeboten werden. Wer sich weiter in die Materie vertiefen möchte, sei auf das Literaturverzeichnis verwiesen. Da es nicht viele allgemeinverständliche Bücher zu diesem Thema gibt, sind auch sehr spezielle Veröffentlichungen, für Laien zum Teil nicht leicht verständlich, mitaufgenommen worden. Nicht zuletzt deshalb, um auch jenen Lesern, die mit der Nomenklatur der Medizin ein wenig mehr vertraut sind, Hinweise zu geben, welche Spezialliteratur sie für vertiefende Informationen heranziehen können.

Sie werden in diesem Buch auf eine Fülle von Rezeptsammlungen stoßen und vielleicht das eine oder andere ausprobieren wollen. Bitte, tun Sie das nicht, ohne vorher mit Ihrem Arzt darüber gesprochen zu haben. Falsch angewendet kann die beste Medizin großen Schaden anrichten. Besonders dann, wenn es sich um Inhaltsstoffe einer Arznei handelt, die genau dosiert werden müssen. Da kann ein Zuviel bereits durchaus bedrohlich wirken.

Was wem nützt und was wem schadet, kann nur der Fachmann entscheiden. Wenn es um Gesundheit bzw. Krankheit geht, gilt jedenfalls ohne Wenn und Aber der Satz: Hände weg vom Do-it-yourself, von Experimenten aller Art.

Seit Menschengedenken war der solid ausgebildete Mediziner die tragende Säule der Heilkunst. Auch dies eine Botschaft, die dieses Buch vermitteln will.

Dr. Gert Baumgart

1. Kapitel

Von Doktoren und Pharaonen

Das dürfen wir nicht aus den Augen verlieren: Die Vorstellungswelt der alten Ägypter liegt Tausende von Jahren zurück und ist für den modernen Menschen oft nur schwer nachvollziehbar. Andererseits wurde der Nachwelt manches überliefert, das heute genauso seine Gültigkeit hat wie damals. Zum Beispiel jene altägyptische Lebensweisheit: „Der Leib des Menschen ist weiter als eine Scheune, er ist voll mit allerhand Antworten. Wähle die gute aus und bringe sie vor, lasse die schlechte in deinem Leib verschlossen."

Auch dieser Spruch aus dem Nilland könnte durchaus erst vor wenigen Jahren zu Papier gebracht worden sein: „Krankheit entsteht einem Menschen, weil das zu viele Essen ihm schädlich ist. Jede Krankheit in den Gliedern ist die Folge der Unmäßigkeit. Die beste Waffe des Arztes ist das Fernhalten dieser Krankheiten. Enthaltsamkeit im Essen heilt. Wer in seinem Essen mäßig ist, dessen Körper kommt nicht in Unordnung. Fieberkrankheit entsteht nicht bei dem, der mäßig lebt." Und weiter:

„Wer ißt, ohne etwas übrigzulassen, schläft, während der Tod täglich vor ihm steht."

In Papyrustexten, Steininschriften und einer Reihe anderer Quellen stößt man immer wieder auf eine in sehr vielen Hochkulturen übliche Kombination von „Berufen": Heiler, Priester, Magier. Gesundheit und Krankheit wurden in erster Linie – und wurden es noch bis vor wenigen Jahrzehnten – als Geschenk bzw. Strafe der

Götter gesehen. Daher ist es nur zu verständlich, daß es diese Koppelung an Heilaktivitäten gab.

Magie hatte somit ebenfalls große Bedeutung in der ägyptischen Medizin. Hinter der Krankheit konnte nämlich das Wirken eines Gottes, Dämons oder bösen Geistes verborgen sein. Der Arzt könne zwar die äußeren Folgen lindern, meinten die Magier-Mediziner, doch der Zauberer müsse danach die „innere Ursache“ vertreiben.

Magie stand vor allem im Dienst der Priesterschaft und auch des Staates, um dessen Interessen zu wahren und das Volk einzuschüchtern. Um sozusagen die Macht der Priester-Magier offiziell nicht anzutasten, wurde vielfach von besorgten Angehörigen der Kranken, sobald der Priester-Zauberer sein Ritual abgespult hatte, der „Nur-Arzt“ geholt, der auf Grund seiner Ausbildung und seines Wissens jedenfalls als angesehener Fachmann in Sachen Heilkunst galt.

Wenn man heutzutage ziemlich eingehend über Rezepte aus der Pharaonenzeit Bescheid weiß, dann ist das jahrzehntelanger Forschungsarbeit zu verdanken. Ägyptologen, Pharmakologen und Mediziner, die sich mit dieser Materie auseinandergesetzt haben, mußten nämlich eine ganze Reihe schwierigster Probleme meistern, etwa die richtige Benennung der Organe des Körpers zu finden, die richtige Deutung der Krankheiten und Symptome, eine zutreffende Erklärung der Medikamente sowie die Bestimmung der Grundeinheiten des Gewichts und der Teile.

Die bisher entdeckten medizinischen Papyri wurden zwischen 1900 und 1100 vor Christus niedergeschrieben.

Die Namen von Ärzten sind in ihnen nicht genannt, wohl aber findet man solche auf Grabsteinen. Da wird ihr Titel genannt und ihr Spezialgebiet, und außerdem wird der Verstorbene bei seiner ärztlichen Tätigkeit dargestellt. Mehr als 150 Arztnamen sind so bekanntgeworden, und so manches Schicksal dahinter blieb blutvoll bis heute erhalten. Nur jener Arzt, den der finnische Historiker und Autor Mika Waltari durch seinen Roman „Sinuhe der Ägypter“ weltberühmt machte, hat nicht existiert. Sinuhe war im alten Ägypten nämlich eine Märchenfigur und kein Mensch aus Fleisch und Blut.

Arzt-Darstellungen sind bereits aus einer Zeit bekannt, aus der noch keinerlei medizinische Texte überliefert sind. Aus dem Alten Reich ist beispielsweise der Name des Hofarztes Iri bekanntgeworden. Er übte die Funktionen des „Augenarztes des Palastes“ und des „Baucharztes des Palastes“ aus und war zugleich „Hirt des Afters“.

Auf dem Grabstein des Arztes Ipi in Theben wurde die Behandlung von Arbeitsunfällen festgehalten, nämlich die Einrenkung einer Schulter und die Behandlung eines Auges.

Namentlich bekannt ist auch ein Oberarzt Udjahorresnet, der zur Zeit der 27. Dynastie (Perserzeit) lebte und in seiner Biographie über die Errichtung einer Ärzteschule berichtet.

Man kennt auch Ärztinnen aus dem Nilland. Peseschet war eine dieser Frauen. Sie war Vorsteherin der Ärzte und Vorsteherin der Ka-Priester.

13 medizinische Papyri (etliche von ihnen nach ihren Entdeckern benannt) sind der Nachwelt erhalten geblieben. Hinzu kommen noch eine Reihe reiner Zaubertexte, die jedoch auch medizinischen Zwecken dienten. Unter anderem sind das:

▶ Der gynäkologische Papyrus von Kahun (um 1900 v. Chr. verfaßt). Nur noch drei Seiten eines ganzen Buches über Frauenheilkunde sind der Nachwelt davon geblieben. Die erste und die zweite Seite enthalten 17 Rezepte gegen Frauenkrankheiten, die dritte Seite bringt 17 Vorschriften über Empfängnis und Schwangerschaft.

▶ Der Papyrus Edwin Smith, um 1600 v. Chr. verfaßt. Diese Buchrolle ist 4,68 Meter lang und 35 cm hoch. Dieser Papyrus ist der Anfang eines Buches, das die Überschrift „Von den Wunden“ trägt. Geschildert werden 48 chirurgische Fälle. Des weiteren werden darin behandelt 48 Fälle aus der Unfallchirurgie – Wunden, Knochenbrüche und Verrenkungen.

Der Text ist beinahe formelhaft und enthält immer die gleichen

Mittel gegen das „Klopfen“: Es sprechen viele Punkte dafür, daß man darunter Pulsprobleme verstehen soll. Für das Heilmittel verwendete man Sesam, weißen Pfeffer, Gummi (Harz einer Akazienart), Pistazien, Kost-Schote, Weinmost, Honig, Rosenapfel.

Koptischer Papyrus, 6./7. Jh., P. Vinob. K 5504. 17x7,5 cm

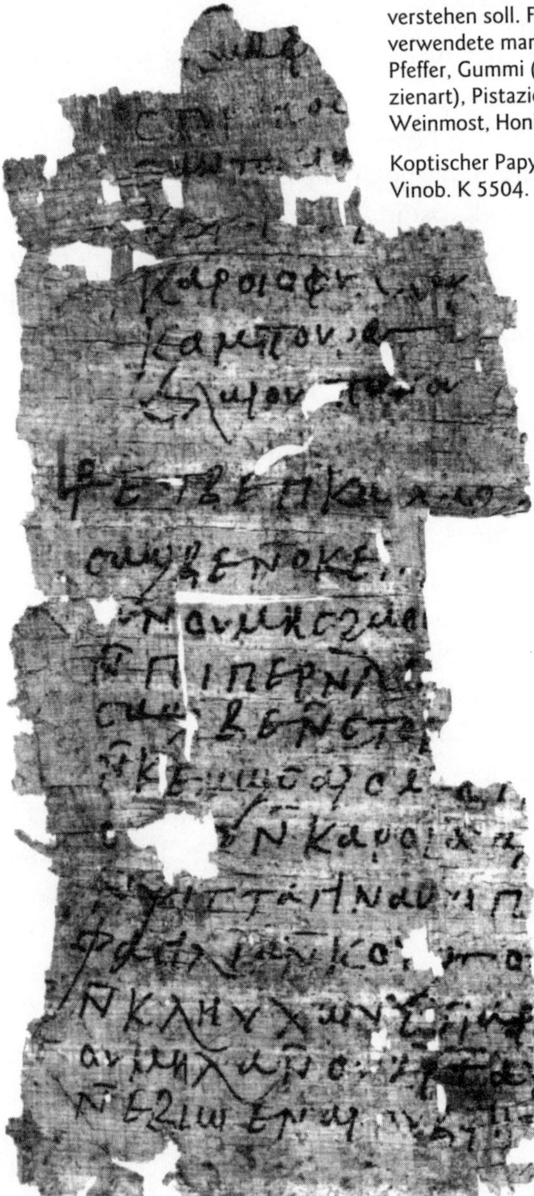

Wörter als Anweisungen für den Leser oder den Arzt, der dieses Buch zur Hand nahm. Zum Beispiel:

„Wenn du einen Menschen untersuchst, der ein so und so beschaffenes Übel hat, und wenn du die und die Symptome feststellst, so verfahre wie folgt: Du wirst dazu sagen, ein Mensch ist von diesem Leiden befallen worden. Es ist eine Krankheit, die ich behandeln werde. Du wirst jeden Tag eine Behandlung machen oder eine Massage, bis er geheilt ist."

In manchen Fällen ist aber auch der Satz niedergeschrieben: „Eine Krankheit, gegen die man gar nichts tun kann."

Bei der Beschreibung einer Verletzung der Brustwirbelsäule hört der Text abrupt mitten im Satz auf. Der Rest der Rolle ist leer geblieben. Die Forscher haben jedoch festgestellt: Dieser Text geht auf wesentlich ältere Überlieferungen zurück. Er enthält nämlich Ausdrücke, die zur Zeit seiner Niederschrift nicht mehr geläufig waren.

Auf ähnliche Beispiele kann man heute genauso stoßen. Zum Beispiel auf das Wort „bresthaft". Fachleuten fällt es nicht schwer, einzugrenzen, bis wann etwa es verbreitet war, ab wann es kaum mehr auftaucht. In jenen Texten, wo es nicht (mehr) verwendet wird, ist es daher leicht möglich, dieses Schriftdokument zeitlich einzuordnen.

► Der Papyrus Ebers, um ca. 1600 vor Christus niedergeschrieben, ist vollständig und unbeschädigt erhaltengeblieben. Die 20 Meter lange Papierrolle umfaßt 108 Seiten. Nicht ganz die Hälfte des Textes ist den inneren Krankheiten und ihrer Behandlung gewidmet. Dieser Papyrus scheint eine Art Handbuch für den praktischen Arzt gewesen sein. 877 Rezepte sind darin genannt.

Der Papyrus Ebers enthält auch eine Rezeptsammlung von 95 Augenheilmitteln für etwa 30 Augenkrankheiten (es konnten noch nicht alle identifiziert werden). 40 Rezepte sind gegen Hautkrankheiten gerichtet, und beinahe 50 Mittel werden beschrieben, um die Folgen von Verbrennungen zu lindern.

► Der Papyrus Berlin 3027 wurde im 16. Jahrhundert vor Christus verfaßt. Was ihn für Medizinhistoriker so wertvoll macht: Er ist die älteste kinderheilkundliche Schrift der Medizingeschichte. Der Übersetzer dieses Textes gab ihm den Titel „Zaubersprüche für Mutter und Kind".

▶ Der Papyrus Chester Beatty Nr. VI ist nur noch fragmentarisch erhalten. Dabei handelt es sich um eine Monographie über „Heilmittel für Erkrankungen des Afters". 41 Vorschriften sind darin zu Papier gebracht.

▶ Der Papyrus Carlsberg Nr. VIII ist ebenfalls nur in Bruchstücken vorhanden. Er enthält unter anderem Geburtsprognosen. Schwangerschaftsdiagnosen und Geschlechtsbestimmung des Embryos werden darin ebenfalls behandelt.

1963 haben sich Wissenschaftler jenes Textteiles besonders angenommen, der über die Geschlechtsbestimmung des Ungeborenen berichtet. Und zwar ging es dabei um jene Stelle:

„Andere Untersuchung, ob eine Frau gebären wird oder nicht: Weizen (Emmer) und Gerste (Spelz). Laß sie eine Frau täglich mit ihrem Urin benetzen. Wenn sie beide wachsen, wird sie gebären. Wenn der Weizen wächst, wird es ein Knabe sein, wenn die Gerste wächst, wird es ein Mädchen sein. Wenn keines wächst, wird sie nicht gebären."

Die Probe aufs Exempel wurde, wie schon gesagt, 1963 gemacht: Proben von Weizen und Gerste wurden mit unverdünntem Harn, mit verdünntem Harn und mit destilliertem Wasser versetzt. Der Harn stammte von Schwangeren, von nicht schwangeren Frauen und von Männern. Ergebnis: Bei Harn von nicht schwangeren Frauen und Männern erfolgte kein Wachstum. Der Harn schwangerer Frauen führte in 28 von 40 Fällen zu einem deutlich erkennbaren Wachstum der Pflanzen.

Allerdings fanden die Wissenschaftler keinen Zusammenhang zwischen der Wachstumsgeschwindigkeit der Getreidearten und dem Geschlecht des Kindes. Jedenfalls haben wir da die älteste Überlieferung eines einfachen Schwangerschaftstests vor uns.

Interessant ist auch die in den Papyri beschriebene Behandlungsdauer für die meisten Erkrankungen. Arzneien wurden im alten Ägypten im allgemeinen vier Tage lang verabreicht. Die Zahl Vier hat auch mystische Bedeutung. Sie entspricht nach Ansicht der Priester und Zauberer den vier Eckpunkten, an denen die Welt verankert ist.

Der Verwunderung über eine Medikation, die auf der magischen Zahl Vier beruht, ist allerdings die heutzutage geübte Verordnungsgewohnheit des „Dreimal täglich“ gegenüberzustellen, für die es ebenfalls keinen vernünftigen, hingegen einen magischen Grund gibt. Die Zahl Drei und ihre Vielfachen Sechs und Neun spielen nämlich in der Zahlenmystik seit alters her eine zentrale Rolle.

Auf die Magie hat man sich aber auch bei den alten Ägyptern nicht immer verlassen. Im Papyrus Ebers wird klipp und klar festgestellt: „Wirksam ist der Zauber zusammen mit dem Heilmittel, wirksam ist das Heilmittel zusammen mit dem Zauber.“

Die besonders in tropischen Gebieten heute noch gefürchtete Wurmerkrankung Bilharziose bildet in einer Reihe von Papyri ein immer wiederkehrendes Thema und ist insgesamt nicht weniger als 50mal erwähnt. 28mal im Papyrus Ebers, zwölfmal im Papyrus Berlin, neunmal im Papyrus Hearst und einmal im Papyrus London.

Man versuchte, damit fertigzuwerden, indem man den Kranken die unterschiedlichsten Medikationen anbot. Dazu zählten pulverisierte Schilfrohrstengel, Johannisbrot- und Dattelpulver, Wacholderbeeren, Honig, Petersilie, Sykomorensamen, Sellerie, Trauben und Bier. All das diente zur Herstellung von Arzneimitteln in verschiedenen Kombinationen.

900 altägyptische Rezepte sind bekannt. Die Hälfte davon trägt jeweils eine Überschrift, die auf die Krankheit verweist. 200 Krankheiten werden genannt.

Verwendet wurden dabei die unterschiedlichsten galenischen Zubereitungen und Darreichungsformen. Zum Beispiel Kaumittel gegen Zahnschmerzen, Wurzelabszesse und Eiterungen der Zahnfächer.

Der Papyrus Ebers und der Papyrus Hearst enthalten solche zahnärztlichen Rezepte, von denen wir uns einige etwas gründlicher ansehen wollen. Im Papyrus Ebers sind elf Rezepte unter der Überschrift „Beginn von den Heilmitteln, um einen Zahn zu festigen“ genannt.

► Gegen Zahnschmerzen: Tägliche Spülungen mit wäßrigem Saft aus Koloquinten, Gummiarabicum, Anis, eingekerbten Früchten des ägyptischen Feigenbaumes und einer Pflanze, die in den alten Schriften Quebu genannt wird, deren Übersetzung man aber nicht kennt. Aber auch: Puder aus geritzter Sykomorenfrucht, Bohnen, Honig, Malachit und Ocker.

► Zur Füllung hohler Zähne haben die Zahnärzte des Pharaonenreiches empfohlen: Gemische aus Ocker, Steinmehl, Samenkorn des Emmer, Malachit, Terebinthenharz und Honig.

► Bei lockeren Zähnen hat man Kaumittel verordnet. Und zwar Sellerie, Kleie und weitere Pflanzenstoffe in süßem Bier.

► Um Zahnschmerzen zu lindern, rieten die Fachärzte zu Spülungen, verschrieben Pasten, Kaumittel, Füllungen, Räucherungen und ließen auch Zaubersprüche vom Stapel.

► Ein Mundwasser, das auch durchaus dem heutigen Geschmack entsprechen könnte, bestand aus Kuhmilch, frischen Datteln und Manna. Letzteres ist der getrocknete Saft aus der angeritzten Rinde eines Baumes aus der Familie der Ölbaumgewächse.

► Gegen Mundgeruch wurde angeraten: Trockene Myrrhe, Weihrauch, eine Frucht aus Byblos, Zypergras, Holz eines Baumes aus Nubien, Melone, Schilfrohr von Syrien, das Weiche vom Styrax-Baum. „Das alles werde fein zerrieben, auf Honig gegeben, gekocht, vermischt und zu Kügelchen gerollt.“ Styrax ist ein gelbes oder braunes klebriges Harz, das aus der Rinde eines Baumes gewonnen wird, den die Botaniker zu den Zaubernußgewächsen zählen.

Dieses Mittel wurde sowohl als Pille gegen schlechten Atem empfohlen als auch als Räuchermittel, um den Geruch in einem Raum zu verbessern.

► Ein Mittel gegen Falten und Runzeln: Gummi vom Weihrauch, Wachs, frisches Behen-Öl (aus den Samen des Bennußbaumes – zu den Kaperngewächsen gehörend – gewonnenes fettes, sehr haltbares Öl), Zypergras, „werde fein zerrieben und in Pflanzenschleim gegeben“. Anweisung: „Werde an das Gesicht gegeben jeden Tag. Mache es, du wirst den Erfolg sehen.“

► Ein Rezept zur Behandlung der Migräne: „Ein Mittel für den Kopf, wenn er schmerzt“, lautet der Titel. Die Ingredienzen: Weihrauch, Kreuzkümmel, Früchte vom Wacholder, Fett der Gans, „werde gekocht, werde damit gesalbt“.

Ist aber Kopfschmerz mit dem Gefühl des heißen Kopfes verbunden, wird folgendes „Mittel zum Kühlen des Kopfes, wenn er schmerzt“ eingesetzt: Weihrauch, Horn des Damhirsches, Gummi, Ton des Maurers, Koloquinte, Wasser. Dem folgt die Anweisung: „Werde zerrieben, werde an den Kopf gegeben“.

Eine Salbe gegen Kopfschmerzen findet sich ebenfalls in den alten Verordnungen. Sie besteht aus Schilfrohr, Wacholder, Pech, Lorbeerfrüchten, Fett und Tannenharz.

► Bei Augenentzündungen wurde eine Salbe folgender Zusammensetzung verwendet: Aloe, Kupfersilikat, Mehl der Koloquinte (Kürbisgewächs) und Ebenholzsplitter.

Aloe findet heute u.a. als Bestandteil von Sonnenschutz- und Hautpflegemitteln Verwendung. In Ägypten empfahl man sie gegen Verbrennungen der Haut und Hautreizungen. Aloe verleiht überdies der Haut Feuchtigkeit und fördert die Wundheilung. In der westlichen Volksmedizin wird als Verwendung auch angegeben: gegen chronische Bindehautentzündung.

Ein weiterer Bestandteil der ägyptischen Augenapotheke ist das Kupfersilikat. Kupfer, so moderne wissenschaftliche Erkenntnisse, ist durchaus in der Lage, durch Abgabe von Ionen über die Haut Entzündungen zu lindern.

► Ein Heilmittel, das bei Augenverletzungen eingesetzt wurde: „Am ersten Tag: Wasser des Sumpfes. Am zweiten Tag: Honig, schwarze Augenschminke (=Bleiglanz), damit werde das Auge einen Tag lang verbunden.

Wenn es blutet: Honig, schwarze Augenschminke, werde damit verbunden zwei Tage lang.

Wenn aber Wasser aus ihm herausfließt, das aber kräftig, dann mußt du Mittel dafür machen, die als Kompresse darangegeben werden." Kupfersilikat, grüne Augenschminke, Weihrauch, Spitzen von Bupleurum (möglicherweise ist damit die Pflanze „Hasenohr" gemeint), „das alles werde gekocht".

Das Ganze hatte eine schmerzstillende und krampflösende Wirkung, wie auf Grund der sorgfältigen Analyse der hier aufgezählten Inhaltsstoffe des Arzneimittels von Pharmakologen festgestellt werden konnte.

▶ Auch zur Behandlung des Stars kannte man einiges an therapeutischen Maßnahmen. Eines der Anti-Star-Rezepte lautet: „Echter Lapislazuli, grüne Augenschminke, Balsam, Milch, schwarze Augenschminke, Fayence, Teile der Melone werden zu einer Masse gemacht, werden an die Außenseiten der Augen gegeben."

▶ Von Schnupfenmitteln sind zwei Rezepte überliefert, eines ein Zauberspruch, das zweite denkbar einfach: Dattelsaft, mit dem die Öffnung der Nase gefüllt werden muß.

▶ Gegen Ohrenschmerzen wurde eine Salbe aus Honigklee und Ladanharz zubereitet. Ladanharz ist stark duftend und wird aus den Blättern der im Mittelmeerraum heimischen Zistrose gewonnen.

▶ Gegen Muskelkater wird ein „Mittel für das Gesundmachen der Waden, wenn sie krank sind" empfohlen: Rinderfett, Honig, Weihrauch, trockene Myrrhe. Ein anderes Rezept gegen das gleiche Leiden umfaßt Blatt der Dornakazie, Wachs, Gummi der Dornakazie, Zypergras, Früchte des Wacholders. In beiden Fällen wird ein Verband, der diese Arzneistoffe enthält, an die schmerzende Muskelpartie gelegt.

▶ Die Wundbehandlung, wie sie aus altägyptischen Papyrus-Texten hervorgeht, klingt auf den ersten Blick absurd, ist es bei näherem Hinsehen jedoch keineswegs. Da heißt es etwa:

„Heilmittel für eine Wunde am ersten Tag. Fett des Rindes oder Fleisch des Rindes, so daß sie (die Wunde) fault. Wenn sie aber zu sehr fault, dann sollst du sie verbinden mit fauligem Brot von Gerste, so daß sie infolgedessen trocknet. Dann sollst du sie noch einmal verbinden, daß sie fault.

Wenn sie sich aber schließt über ihren Sekreten, dann sollst du sie verbinden mit Fett des Steinbocks, Föhrenöl, zerriebenen Erbsen (Übersetzung fraglich). Wenn die Wunde darunter aufbricht, dann sollst du sie pudern mit Mehl von grünem Glasfluß. Danach sollst du sie verbinden mit Fasern der Leinpflanze über Abechet-Flüssigkeit." (Worum es sich dabei handelt, ist nicht bekannt.)

Diese Anweisungen zielen darauf ab, eine Wunde rasch heilen zu lassen. Wie heutige Mediziner mit einer Mischung aus Schaudern und Bewunderung zugeben, ist dieses Rezept „ein Wandern auf dem Grat zwischen Nicht-zu-viel und Nicht-zu-wenig". Durch die vorgeschriebenen Prozeduren soll die Wunde unter anschließender Austrocknung mit Schorfbildung faulen. Das hat jedoch unter Beobachtung der Sekrete zu erfolgen. Setzt die Schorfbildung ein, noch ehe die Eiterung (Sekret heißt es in den alten Texten) beendet ist, muß die Wunde offengehalten werden, damit der Eiter ausfließen kann.

▶ In einem heißen Land, das tagaus, tagein schweißtreibende Temperaturen hervorbringt, sind Deodorants nahezu unentbehrlich. Kein Wunder also, daß es ein eigenes „Heilmittel für die Beseitigung von Schweißabsonderungen am Körper des Menschen im Sommer" gibt. Das sind in erster Linie Salbmittel. Sie bestehen vor allem aus Weihrauch, Alaun und Myrrhe, enthalten also vorwiegend aromatische Stoffe.

Ein anderes Rezept lautet: „Zerstampfen der Koloquinte, oder Brei mit Weihrauch gemischt, zu einem Kügelchen gemacht und an den Ort gegeben, wo Glied an Glied stößt." Dieses Mittel ist ganzjährig anwendbar und nicht nur auf den glühend heißen Sommer beschränkt.

Der ägyptische Arzt stellte übrigens seine Medikamente selbst zusammen oder ließ das seine Gehilfen tun. Genutzt wurden zur Krankheitsbehandlung Pflanzen, Tiere (Teile davon) und Mineralien.

▶ Heilmittel aus dem Pflanzenreich (verwendet wurden Blätter, Blüten, Stengel, Stroh, Holz, Stamm, Rinde, Wurzeln, Früchte): Datteln, Feigen, Granatäpfel, Getreidearten wie Emmer, Gerste, Weizen, Gemüsesorten, beispielsweise Melone, Porree, Sellerie, Zwiebel, Gewürze wie Dill, Koriander, Kreuzkümmel. Ebenso Gummi, Harze (Myrrhe, Weihrauch), aber auch Hülsenfrüchte (z.B. Bohne, Erbse). Des weiteren kamen zum Einsatz: Absinth, Binse, Flachs, Lotus, Papyrus, Rizinus, Wacholder, Teile des Weinstocks. Genutzt für pharmazeutische Zwecke wurden auch Christdorn, Dornakazie, Ebenholzbaum, Föhre, Johannisbrotbaum, Moringabaum (zu den Kaperngewächsen gehörend), Palme, Persea, Sykomore, Tamariske, Weide.

▶ Aus dem Reich der Mineralien fanden Eingang in den Arzneimittelschatz der alten Ägypter: Achat, Alaun, Karneol, Bimsstein, Blei, Bleiglanz, Eisen, Fayence, Feuerstein, Kupfer, Malachit, Natron, Lapislazuli, Ocker, Salz, Ton.

Verschiedene Indikationen und die dafür verwendeten Heilpflanzen:

▶ Gegen Wunden, Geschwüre, Entzündungen, Hauterkrankungen: Teile von verschiedenen Nadelbäumen (die einzelnen altägyptischen Bezeichnungen sind nicht immer übersetzbar, und es bleibt daher oftmals im Dunkeln, um welche Teile der Pflanze es sich handelte), Teile des Wacholderbaumes, Akazienteile, Langbohne, Myrrhe, Weihrauch, Christdornblätter, Sellerie, Kreuzkümmel, Weidenteile, Sykomorenmilchsaft, Zwiebel, Porree, Gerstenprodukte (etwa Bier, dessen Gehalt an antibiotisch wirkendem Vitamin B zur Wundheilung genutzt wurde), Emmer.

▶ Gegen Steifheit: Nadelbaum-Teile, Wacholderteile, Leinsamen, Weihrauch, Sellerie, Erdmandelöl.

▶ Gegen Erkrankungen des Magen-Darm-Traktes und des Harnsystems: Wacholderteile, Weihrauch, Weintraube, Rosine, Sellerie, Kreuzkümmel, Feige, Sykomorenfeige, Gerste.

Die Therapie von Wurmerkrankungen wurde mit Teilen des Granatapfelbaumes durchgeführt. Das Rezept lautete: „Wurzel des Granatapfelbaumes, Wasser, werde nachts dem Tau ausgesetzt, werde durchgepreßt, werde getrunken an einem Tag." Der römische Pharmakologe Dioskurides, von dem später noch die Rede sein wird, stellt dazu jedenfalls fest: „Die Abkochung der Wurzel treibt, getrunken, den Bandwurm aus und tötet ihn." Wie moderne biochemische Analysen zeigen, enthält die Wurzel dieses Baumes unter anderem auch ein Pyridin-Alkaloid, eine Substanz, die „ein sicheres Bandwurmmittel ist und diesen Parasiten abtötet".

Die Ägypter haben Teile ihres Arzneischatzes von weither importiert. So etwa die Rauwolfiapflanze aus Indien. Daraus wurde von Chemikern unserer Zeit ein blutdrucksenkendes Mittel entwickelt, das Reserpin. (Mehr davon im Kapitel über die indische Medizin.)

Der Handel mit pflanzlichen Arzneistoffen, die per Schiff oder auch auf dem Landweg von weit her geholt wurden, wird bereits in den alten Texten des Nillandes beschrieben und scheint viele Jahrhunderte geblüht zu haben. Der große römische Arzt Galen berichtet: „...ein Teil wird mir aus Groß-Syrien, anderes aus Palästina, wieder anderes aus Ägypten und Kappadokien, noch anderes aus Ponto gebracht, so wie auch wieder aus Makedonien und den westlichen Ländern, wo Kelten und Spanier und die auf dem gegenüberliegenden Erdteil sitzenden Mauretanier wohnen."

Die Medizin Ägyptens wurde lange Zeit abgetan als ein Sammelsurium von Zaubersprüchen, war aber sicherlich weit mehr. Ägyptische Ärzte waren nicht nur überall in der damals bekannten Welt begehrt und geschätzt. Im Land am Nil gab es auch jede Menge Spezialisten für alle möglichen Krankheiten.

Und: Man war sehr erfahren mit der Verabreichung hochgiftiger und daher auch gefährlicher Arzneien. Immer dann, wenn es nötig war, aus Sicherheitsgründen mit der Dosierung von der sonst üblichen Verschreibung abzugehen, steht in der Verordnung eine Bruchzahl. Es durfte somit nur ein geringer Teil der meist mit einer Eins bezeichneten Menge gegeben werden.

Das griechische Wort Pharmakon bedeutete im übrigen sowohl Heilmittel als auch Gift.

Die alten Ägypter kannten und verordneten mehr als ein Drittel der Heilkräuter und Heilmittel, die auch in neuzeitlichen Kräuterbüchern aufscheinen. Die oft in Papyrustexten genannte Myrrhe beispielsweise wirkt entzündungshemmend und wurde auch noch sehr viel später als Myrrhetinktur zu diesem Zweck eingesetzt.

Noch heute wird als Hausmittel gegen Halsentzündung Gurgeln mit Salbei empfohlen – auch das ein altägyptisches Hausmittel.

Sogar die ägyptische „Dreckapotheke" – in den alten Rezepten scheint immer wieder der Hinweis auf Kot und Erde auf – hat sich als durchaus sinnvoll und nützlich erwiesen. So wurden zum Beispiel gerade dort oft Pilze gefunden, aus denen wichtige Antibiotika isoliert werden konnten.

Der griechische Weltreisende und „Starreporter" der Antike, Herodot, berichtet über seine Eindrücke vom ägyptischen Ärztewesen: „Überall findet man Ärzte, die einen heilen Augenkrankheiten, die anderen sind auf Kopf-, Zahn- oder Leibschmerzen spezialisiert. Wieder andere beschäftigen sich mit nicht genau zu lokalisierenden Beschwerden."

Es gab Ärzte für allgemeine Erkrankungen, Sunu genannt, aber ebenso jede Menge Spezialisten wie etwa den „Hüter des Afters". Neben dem „Arzt für jedermann" gab es noch die Hofärzte und sogar schon das, was wir heute Arbeitsmediziner nennen.

Zähne wurden „plombiert" mit mineralischem Kitt und lockere Zähne mit einem Golddraht miteinander verbunden.

Auf dem Pharma-Sektor machte sich ebenfalls im Laufe der Zeit ein ausgeprägtes Spezialistentum breit: Drogensammler, Drogenzubereiter, Drogenkonservierer – alle durften aber nur unter ärztlicher Aufsicht arbeiten.

Der Drogenzubereiter kannte folgende Techniken: Messen, pulverisieren, mischen, filtrieren, sieden.

An Darreichungsformen gab es Gurgel-, Schnupf-, Räucher-, Inhaliermittel, Umschläge, Einläufe, Zäpfchen (anal und vaginal), Salben, Absude, Aufgüsse...

Eine nicht gerade geringe Zahl der altägyptischen Heilmittel klingt jedoch für unsere Ohren völlig absurd und sind nicht mehr zuzuordnen. So etwa Mäuseschwanz, Hyänenohr, Kopf eines Esels. Dabei könnte es sich um Pflanzen handeln, deren Namen vom Volksmund geprägt wurden.

Man braucht bloß an einige der heute gebräuchlichen Pflanzennamen zu denken und sich vorzustellen, daß 1000 Jahre nach uns ein Archäologe diese Bezeichnungen entdeckt und wörtlich übersetzt: Löwenzahn, Kuhschelle, Huflattich, Goldregen, Hirtentäschel, Goldrute, Salomonssiegel, Wolfsmilch... Würde er diese Namen mit Pflanzen in Verbindung bringen?

Und es gibt noch weitere Beispiele: Erdrauch, Goldrute, Kiefer, Hohlzahn, Eisen- oder Sturmhut, Fingerhut, Beifuß, Herzgespann, Geißraute, Frauenmantel...

Vielfach haben Ägyptologen, aber auch Mediziner und Pharmakologen die Nase gerümpft, wenn sie von der „Dreckapotheke" der Ägypter hörten. Darin ist von so unappetitlichen Sachen wie Menschenkot, Menschenharn, Dung des Krokodils und anderem mehr die Rede. Aber man sollte nicht voreilige Schlüsse auf ein Volk ziehen, das solche Dinge anwendet.

Noch vor wenigen Jahrzehnten war es auch bei uns in manchen ländlichen Gegenden Sitte, bei einer Reihe von Krankheiten Kuhdung aufzulegen. Und gegen Tuberkulose war vor noch gar nicht so langer Zeit Hundefett als Heilmittel im Umlauf.

Über Urintherapie gibt es heute umfangreiche Arbeiten. Wie ein erfahrener Arzt berichtet, „war es selbst an Universitätskliniken vor Einführung der künstlichen Niere bei Kranken mit chronischer Nierenentzündung, wenn die Harnabsonderung nicht mehr richtig funktionierte, ein letzter heroischer Versuch, die Harnsperre zu durchbrechen: Die vom Tod durch Harnvergiftung Bedrohten mußten ihren eigenen Harn trinken."

Nicht zuletzt geht der „Stammbaum" eines heute für Organtransplantationen unerläßlichen Medikaments im weitesten Sinne auf die „Dreckapotheke" der antiken Welt zurück. Dieses lebensrettende Mittel wurde aus Erdproben isoliert und zu dem Medikament Cyclosporin weiterentwickelt.

Schon ein Blick in die unmittelbare Vergangenheit zeigt sehr anschaulich, welche Mittel damals mit welcher Begründung gegeben wurden. Dabei stellt sich rasch heraus, daß ihre Wirkung vielfach durch Aberglauben, durch Überlieferung oder ganz einfach über magische Kräfte erklärt wurde. Im ersten Jahrzehnt des 19. Jahrhunderts verwendeten zum Beispiel bayerische Amtsärzte (also keine Kräutersammler, selbsternannten Doktoren oder Kurpfuscher, sondern gelernte Mediziner) Arzneien wie „Lebenspulver", „Kropfpulver", „Markgrafenpulver", Skorpionöl, Maulwurfsöl, Krötenöl oder einen Wundbalsam namens „Mithridati".

Das Skorpionöl genoß bis ins 20. Jahrhundert einen guten Ruf als Volksheilmittel. Es wurde aus Skorpionen hergestellt, die lebend in Oliven- und Mandelöl eingelegt wurden; man war der Meinung, daß sie vor ihrem Tod das Gift ausspritzen. Manche Hersteller haben die Tiere auch destilliert. Mit diesem Öl wurden Bisse und Stiche giftiger Tiere bestrichen, es wurde auch innerlich gegen alle möglichen Gifte verwendet, man bestrich Entzündungen und Geschwüre und rieb damit bei Herzschwäche die Brust ein.

Der Wiener Univ. Prof. Dr. Karl Spitzy, einer der „Väter" der Chemotherapie, formuliert sehr schön: „Auch die Heilkunde ist stets ein Kind ihrer Zeit, ihrer Kultur, ihrer Religion, ihrer sozialen Strukturen und ihrer technischen Möglichkeiten." Heilkundliche Theorien – etwa über die Heilwirkung von tierischen Produkten oder Mineralstoffen – werden erst verständlich, wenn man die kulturellen, ethnischen und geographischen Gegebenheiten kennt, unter denen sie entstanden.

Dr. Renate Germer, sowohl Fach-Botanikerin als auch Ägyptologin, hat im Rahmen ihrer Doktorarbeit die Arzneipflanzen im alten Ägypten studiert. Dabei hat sie auch versucht, etwas über die Wirkweise altägyptischer Heilpflanzen herauszubekommen. Was aus heutiger Sicht nicht leicht ist. Germer: „Der ägyptische Arzt kannte die Ursachen der meisten Erkrankungen nicht.“ (Ob das heute viel anders ist, wagt eine Reihe von Medizinern durchaus zu bezweifeln.)

Sehen wir uns dennoch beispielhaft einige der oft genannten und viel verwendeten altägyptischen Heilpflanzen etwas näher an.

Da ist zum Beispiel die Rizinuspflanze, der ein Abschnitt aus dem Papyrus Ebers gewidmet ist. Dort heißt es unter anderem: „Man zerkleinert ihre Wurzel im Wasser, auch wird ein wenig von ihrer Frucht mit Bier gekaut von einem Mann mit Durchfall. Auch wird das Haar einer Frau durch sie zum Wachsen gebracht. Auch wird ihr Öl aus ihrer Frucht gemacht und bei Hautausschlag angewendet.“

Expertin Renate Germer stellt dazu fest, daß das Blatt der Rizinuspflanze auch zur Heilung von Brandwunden eingesetzt wurde. Doch Hauptanwendung war – und ist – das Öl der Rizinussamen, das ein vorzügliches Abführmittel ist. Immerhin in neun Rezepten werden Produkte aus dieser Pflanze genannt.

Viel häufiger noch wurde Weihrauch verwendet. Dabei handelt es sich um das Harz der Boswellia-Pflanze. Als Räuchermittel ist es seit der Pyramidenzeit belegt. Allerdings, so namhafte Ägyptologen, kann des altägyptische Wort für Weihrauch durchaus auch andere Pflanzen bezeichnen, die ebenfalls für den gleichen Zweck wie dieser verwendet wurden, etwa Terebinthenharz (die Terebinthe ist ein in Syrien heimischer Baum, dessen Import nach Ägypten belegt ist). Diese Deutung ist jedoch umstritten.

Überliefert sind Rezepte mit Weihrauch zur Behandlung von Bauch und Magen, aber auch zur Anregung der Nahrungsaufnahme, Behandlung der Leber und der Blase, gegen Husten, bestimmte Hautkrankheiten, Schmerzen in beiden Armen, Entzündungen, zur Behandlung des Afters, Anregung der Menstruation, aber auch bei

Steifheit der Gelenke, Schmerzen in den Beinen, Wunden, die durch Biß oder Verbrennung entstanden, gegen Hautflechte, Falten im Gesicht, Druck im Ohr, Körpergeruch. Und das ist noch immer nicht alles. Erwähnt werden auch Weihrauch enthaltende Augenmittel, Anwendungen zur Zahnbehandlung und, wie Renate Germer schildert, zur Behandlung der Zunge. Geschwüre an der Scheide und Entzündungen der Gebärmutter wurden gleichfalls mit Boswellia-Harz behandelt, darüber hinaus kam es „zum Lösen des Kindes im Bauch der Mutter", also zur Erleichterung der Geburt zum Einsatz.

Die ägyptische Anwendung von Weihrauch gegen „Druck im Ohr" hat sich übrigens noch jahrtausendelang erhalten. So empfiehlt etwa Hildegard von Bingen bei Schwerhörigkeit: „Wird die Hörkraft eines Menschen durch irgendein Phlegma (krankhafte Veränderung, Schleim) oder durch eine andere Krankheit geschädigt, so soll er weißen Weihrauch auf glühenden Kohlen verräuchern und diesen Rauch in das verstopfte Ohr aufsteigen lassen, doch soll er dies nicht oft tun (nicht täglich), damit es ihm nicht durch übertriebene Anwendung schlechter geht als zuvor."

In einem modernen Lexikon der Biochemie ist unter anderem zu lesen: „Weihrauch oder Olibanum wird heute als Fixateur zur Herstellung von Parfüms sowie als Zusatz zu Pflastern, Kaugummis und Zahnpflegemitteln verwendet." Ausdrücklich wird aber betont: „Neuere Untersuchungen haben ergeben, daß Weihrauch auch ein wirksames Insektizid ist." Damit gewinnt aber der Hinweis in den alten Texten, daß Weihrauch auch in Wohnräumen angewendet wurde, eine zusätzliche Dimension. Denn wie es scheint wurde durch das duftende Harz nicht nur eine Geruchsverbesserung in den Wohnräumen und auch der Kleidung erreicht, sondern es konnten damit auch Insekten abgehalten werden.

Renate Germer weiß überdies zu berichten: „Die innerliche Anwendung des Weihrauchs zur Behandlung des Bauches, Magens, der Leber und bei Verstopfungen paßt genau zur leicht laxierenden (abführenden) und blähtreibenden Wirkung des Weihrauchs, der ja auch bei Obstipation (Verstopfung) und Gallenbeschwerden verordnet wird."

In der Bibel ist übrigens erwähnt, daß Weihrauch von den Ägyptern auch als Mittel zur Blutstillung und als Herzmittel eingesetzt wurde. Dazu wurde nachfolgendes Rezept angeraten: „In einen halben Liter Wein drei Eßlöffel Olivenöl geben, einen Eßlöffel Honig und zwei bis drei Weihrauchkörner. Das Ganze wird gut verrührt und einmal aufgekocht. Man fülle dies in eine Flasche ab und trinke morgens und abends je ein halbes Gläschen davon."

Recht oft findet auch der Kreuzkümmel Erwähnung. Diese im Mittelmeerraum vorkommende Pflanze darf aber nicht mit dem uns bekannten und als Gewürz geschätzten Kümmel verwechselt werden. Die vielseitige Verschreibung des Kreuzkümmels – u.a. bei fauligen Verbrennungen, Eitergeschwüren, Kopfschmerzen, Krankheiten der Blase und des Afters – ist auf seine vielseitige Wirkung zurückzuführen. Etwa auf seine krampflösende Potenz auf die Gallenwege und im Magen-Darm-Bereich. Außerdem wirkt er beruhigend, leicht harntreibend und verdauungsfördernd.

Da die in ihm enthaltenen ätherischen Öle desinfizierend wirken, wird eine Einreibung mit Medikamenten, die Kreuzkümmel enthalten, bei Hautleiden ausdrücklich in den alten Medizintexten angeraten.

Man kann auch den Weg gehen, bei Naturvölkern nachzusehen und sich umzuhören, um etwas über deren Heilmethoden in Erfahrung zu bringen, und dies dann mit dem Heilwesen längst zu Staub zerfallener Kulturen vergleichen. Dabei lassen sich durchaus interessante Parallelen auffinden. Der Wiener Ethnomediziner Dozent Dr. Armin Prinz ortet über alle Zeiten und Kulturen hinweg ein Gemeinsames: „Es scheint so, als ob der Mensch nur ein in seinen wesentlichen Zügen einheitliches Instrumentarium besitzt, um seinen heilkundlichen Bedürfnissen gerecht zu werden."

Die gleichen Vorstellungen, die wir über die Ursachen der Krankheit bei den alten Hochkulturen, in China und bei vielen anderen Völkern vergangener Jahrtausende finden, entdeckte Dozent Prinz auch bei den Azande Zentralafrikas: die Bikausalität der Krankheit.

Die Azande nehmen nämlich an, daß für den Ausbruch einer Krankheit immer zwei gleichzeitig vorhandene Auslöser nötig sind: Einerseits eine natürliche Ursache – wie etwa eine Infektion oder ein Unfall. Auf der anderen Seite werden „übernatürliche" Ursachen wie Hexerei und Magie für die Erkrankung verantwortlich gemacht. Daher hat auch die Behandlung an diesen beiden „Schaltstellen" einzusetzen. Erstens gilt es, die natürliche Ursache bzw. deren Folgen zu beseitigen. Heilkräuter, Massage, Wasseranwendungen werden dazu eingesetzt. Mit Orakelbefragungen und Tanzseancen wird versucht, die dafür verantwortlichen sozialen Grundlagen aufzudecken und die „schuldigen" Hexer oder Magier zur Lösung des Konflikts zu zwingen.

„Ebenfalls universell", fährt Prinz fort, „ist die Vorstellung, daß in den Pflanzen und Tieren Zeichen Gottes oder der Geister vorhanden sind, die dem Menschen zeigen, gegen welche Krankheit sie als Arzneimittel eingesetzt, gegen welche Krankheit sie schützen oder welche Krankheiten durch sie ausgelöst werden können. Es bedarf nur des gläubigen Sehens und der transzendentalen Führung, damit der Heilkundige diese Zeichen, Signaturen genannt, erkennen kann."

In der Volksmedizin Europas sind – genauso wie in der Antike und den Hochkulturen lange davor – bis vor kurzem noch getrocknete Körperteile von Tieren üblich gewesen. Sie dienten als Arznei- und Schutzmittel.

Interessante und wichtige Hinweise zum Verständnis der Zubereitung von Arzneimitteln alter Kulturen bietet die Ethnopharmakologie. Dozent Prinz: „Praktisch alle Schlüsselsubstanzen der modernen Pharmakotherapie sind ethnomedizinischen Ursprungs. Chinin, Rauwolfia-Alkaloide, Curare, Lokalanästhetika (das sind örtlich begrenzte Betäubungsmittel etwa zum Vereisen eines Zahnes) und Antitumorsubstanzen, um nur einige zu nennen, verdanken wir der Pflanzenkenntnis traditioneller Heilkunst."

Aber auch da gibt es Verständnisbarrieren. Denn nicht überall meint man das Gleiche, wenn man das Gleiche sagt. So verstehen die einen beispielsweise unter Heilpflanzen wirklich die Pflanzen oder deren Teile, die Heilkraft haben. Andere aber interessieren die Inhaltsstoffe herzlich wenig, sie halten sich an die Ähnlichkeit der Form. Herzförmige Blätter etwa werden auf Grund einer „Ähnlichkeitslehre" gegen Herzleiden eingesetzt.

Prinz: „Die Heilpflanze wird daher nicht konsumiert und bei scheinbarer Nutzlosigkeit weggeworfen. Ihr Gebrauch unterliegt vielmehr Vorschriften und Regeln, die die typischen Merkmale der Magie aufweisen. Es gibt aber auch in allen Gesellschaften Verfahren, bei denen ein und dieselbe Pflanze sowohl als Heilmittel als auch als Gift eingesetzt werden kann. Vielfach gibt es – wie bei den Azande – für Gift und Medikament nur einen Namen."

Wie der Völkerkundler und Arzt Armin Prinz sehr richtig feststellt, „sind magische Elemente in jeder Arzneimittelanwendung immanent. Auch unsere Heilkunde ist in der Praxis von magischem Charakter." Die Verabreichung des Arzneimittels geschieht nach vorgeschriebenem Ritual. Siehe die Verordnung: dreimal täglich. Auch die Farben der einzelnen Medikamente, die Form, die Art ihrer Verpackung sind solche Elemente.

Ganz hervorstechende Zeichen der magischen Auffassung von Gesundheit und Krankheit sind Amulette. So soll zum Beispiel ein Amulett aus Leoparden- und Krokodilzahn, Raubvogelkralle und magischem Säckchen den Träger vor Gefahren zu Land, zu Wasser und aus der Luft schützen.

2. Kapitel

In Keilschrift steht geschrieben

Vor mehr als 5000 Jahren galt schon, was auch heute noch gilt: Gesundheit ist das höchste Gut. Daher versuchte man auch damals, der Krankheit mit allen Mitteln zu begegnen. Da man Krankheit als „Zorn der Götter" auffaßte, war es das erste Ziel, diese (und diverse Dämonen, die ebenfalls Krankheiten hervorriefen) zu besänftigen bzw. wohlwollend zu stimmen. Wie aus in Keilschrift verfaßten Tontafeln hervorgeht, sind es nach dieser Vorstellung drei Mechanismen, die zur Erkrankung führen.

Erstens können die Götter ihre Hand unmittelbar im Spiel haben. Sie bestrafen Sünde mit einer Krankheit. (Eine „primitive" Sichtweise? Nun, auch der Ausbruch von AIDS und die rasche Ausbreitung dieser tödlichen Krankheit wurde von vielen Menschen „als Strafe Gottes für ein lasterhaftes Leben" angesehen. Ein infizierter Priester, der an einer AIDS-Konferenz im Vatikan teilnehmen wollte, wurde mit Brachialgewalt des Saales verwiesen. Es steht uns also nicht zu, über die Anschauungen längst vergangener Kulturreiche den Stab zu brechen.)

Zweite seinerzeit gängige Meinung über Krankheitsentstehung: Eine Gottheit hat ihre schützende Hand von einem Menschen abgezogen. Damit waren aufgrund des fehlenden Krankheitsschutzes dem Einzug eines Dämonen in den Körper des Patienten Tür und Tor geöffnet.

Drittens wird die Möglichkeit angeführt, mittels schwarzer Magie in einem Mitmenschen eine Krankheit hervorzurufen.

Man wußte aber auch schon, daß Krankheit durch Ansteckung entstehen kann. Als eine solche Möglichkeit der Krankheitsübertragung ist der Blickkontakt genannt. worden. Eine „moralische Befleckung zieht eine physische nach sich, durch Kontakt mit einer ‚unreinen' Person kommt es zur Krankheit", erklärt dazu der zeitgenössische spanische Medizinhistoriker Juan Zaragoza. Ein Textfragment in Keilschrift schildert das sehr anschaulich:

„Hat er, bald hierhin und bald dorthin gehend, vielleicht an einem Zechgelage teilgenommen, seinen Fuß in unsauberes Wasser getaucht oder Wasser, das bereits zu Waschungen diente, angesehen, hat er ein unreines oder verhextes Weib berührt, einen Menschen mit schmutzigen Händen gesehen oder angefaßt oder jemanden berührt, dessen Körper unrein war?"

1878 schrieb einer der ersten Bearbeiter der babylonisch-assyrischen Kultur, der Assyrologe François Enormat: „Die Medizin war hier keine empirisch-rationale Wissenschaft wie in Griechenland, sondern nur ein Nebenzweig der magischen Künste."

Spätere Fundstücke, vor allem Keilschrifttafeln, lieferten aber allmählich ein ganz anderes Bild. Und zwar fanden sich in den Tontafeln der Bibliothek des Assyrer-Königs Assurpanipal (668-626 v. Chr.) zahlreiche konkrete medizinische Schriften. Die ganze Bibliothek umfaßte zu Lebzeiten des machtvollen Herrschers an die 30.000 Tontafeln, die der Herrscher aus allen Teilen des Landes hatte zusammentragen und abschreiben lassen. Darin war das damals bekannte Gesamtwissen der gelehrten Welt enthalten. Die Texte bringen auch viel ältere, bis dahin mündlich weitergegebene Überlieferungen und sind in Sumerisch, der Sprache der Gelehrten, abgefaßt.

Rund 800 Fragmente einer der eindrucksvollsten Tontafel-Sammlungen aus dieser Bibliothek sind medizinischen Inhalts. Das älteste Heldenepos der Welt, das sogenannte Gilgamesch-Epos, stammt ebenfalls aus der „Büchersammlung" Assurpanipals.

Viele Tafeln waren aber schlecht erhalten oder auch zerbrochen, was eine Übersetzung der auf ihnen eingravierten Texte nicht gerade erleichterte. Und eine sinnvolle Übersetzung wäre sicher unmöglich gewesen, hätten sich da nicht auch immer wieder ganze Tafeln gefunden, mit deren Hilfe die bloß bruchstückhaft erhaltenen ergänzt werden konnten.

Jedenfalls enthüllte sich, als sich um die Jahrhundertwende ein Arzt der Sache annahm, den staunenden Fachwissenschaftlern eine kenntnisreiche Welt der Heilkunst.

Dabei galt es nicht nur medizinische Fachausdrücke korrekt wiederzugeben. Man mußte auch botanische und chemische Bezeichnungen übertragen, pharmakologische Kenntnisse haben und über vielerlei Erfahrung auf dem Heilsektor verfügen, um mit der für reine Sprachwissenschaftler unvertrauten Materie zu Rande zu kommen. Einer die Forscher, die sich dieser Mühe unterzogen, war Campbell Thompson, Assistent am Britischen Museum in London. Ihm gelang es, 250 pflanzliche Drogen zu identifizieren. Erwähnt wurden aber auch noch 120 mineralische Substanzen, 180 tierische und andere, leider nicht mehr identifizierbare Heilmittel, Medikamente, deren Namen man zwar kennt, von denen man aber nicht weiß, worum es sich wirklich handelt. Sie heißen beispielsweise „Fischkraut", „Bitterkorn", „Süßpflanze", „Schlangenohr" und „Lebenspflanze". Diese Pflanze wurde wie Schnupftabak in die Nasenlöcher gesteckt und galt als Allheilmittel – welches Gewächs damit bezeichnet wurde, wissen wir nicht.

Thompson zog bei seiner Übersetzung alter medizinischer Texte unter anderem ein modernes Medizinlexikon zu Rate. Und dabei stieß er dann mitunter auf ungeahnte Überraschungen. So fand Thompson heraus, daß man in Mesopotamien mit Harn- und Nierensteinen in einer Art und Weise umging, wie es moderne Mediziner ebenfalls tun, und zwar mit Mitteln, wie sie in modernen Lehrbüchern angeführt sind. Die sogenannten „weichen Steine" der alten Inschriften wurden mit „gepulverten Eierschalen, vor allem des Straußes" behandelt. Diese Eierschalen bestehen bis zu 97 Prozent aus Kalziumkarbonat. Ein Mittel, das auch an erster Stelle in jenen Medizinbüchern, die Thompson zu Rate zog, genannt wurde.

Beim Studium der mesopotamischen Behandlungsmethode für Lungenentzündung fand Thompson ebenfalls eine direkte Spur in die Gegenwart. Wie die alten Texte berichten, bestand die Therapie in heißen Auflagen von Leinsamen, verbunden mit Einwicklungen in Tücher, die des öfteren in heißes Wasser oder Fenchelabsud getaucht wurden. Genau die gleichen Empfehlungen gab auch das Medizinlexikon Thompsons.

Unter den tierischen Heilmitteln fanden sich die Organe fast aller Tiere. Am häufigsten vertreten waren Haustiere wie Esel, Schaf, Rind, Schwein.

Aus dem Mineralreich wurden vielfältig verwendet oder als Beimengungen gebraucht: Lasurstein, Kalkstein, Schwefel, Alaun, Kupfer, Grünspan, Quecksilber, Salpeter, Antimon, Eisenstein, Pech, Naphtha sowie verschiedene Salze.

Viele der in der babylonischen Medizin verwendeten Heilpflanzen wurden importiert. Verwendung fanden unter anderem: Samen, Harze, Wurzeln, Zweige, Holz, Rinde, Öle, wäßrige Extrakte.

Eines der pflanzlichen Medikamente lieferte die Tollkirsche. Diese Pflanze hat über Jahrtausende hinweg Medizingeschichte gemacht, und ihre Wirkstoffe (Alkaloide) werden bis heute in der Medizin angewendet und in offiziellen Medikamentenverzeichnissen aufgeführt. Aus dem Hauptalkaloid, Atropin genannt, wurde das wirksamste krampflösende Medikament der Medizingeschichte hergestellt. Dabei war den Ärzten des Altertums auch schon bekannt, daß dieses Mittel in hohen Dosen eine völlig andere Wirkung hat als in niedrigen; und es wurde auch entsprechend verordnet.

Über den weit verzweigten Drogenhandel des Altertums – Babylonien, Assyrien, Ägypten und eine Reihe weiterer großer Reiche wurden von Indien aus auf dem Land- oder Wasserweg mit Heilpflanzen versorgt – erfuhr die Fachwissenschaft erstmals durch einen Keilschrifttext. Auf ihm wurde eine Pflanze namens Quunabu genannt. Das ist die assyrische Bezeichnung für den indischen Hanf.

1953 gelang dem amerikanischen Assyrologen Samuel Noah Kramer gemeinsam mit dem Sprachwissenschaftler und Pharmakologen Martin Levey die Übersetzung der medizinischen Texte aus der Keilschriftbibliothek des Tempels von Nippur. Dabei handelt es sich um die Rezeptesammlung eines ungenannten Arztes, der um 2200 bis 2100 vor Christus lebte. Diese Tafel enthält mehr als ein Dutzend Rezepte. Allerdings finden sich weder Mengenangaben noch Hinweise auf die Krankheiten, zu deren Heilung die beschriebenen Medikamente eingesetzt wurden. Abgesehen von Heilpflanzen werden darauf auch Mineralien und chemische Substanzen genannt. Magie und Beschwörung fehlen völlig.

Was nicht heißen soll, daß Magie und Beschwörung im Hintergrund blieben. Ganz im Gegenteil. Eines der umfangreichsten Bücher zu diesem Thema hat den Titel: „Wenn ein Beschwörer in das Haus eines Patienten geht". Es umfaßt 19 Tafeln. Das geburtshilfliche Buch mit dem Titel: „Wenn eine Frau" umfaßt sogar 25 Tafeln.

Ein Buch bestand damals aus mehreren gleich großen Tafeln. Am Schluß jedes Kapitels wurde die Anfangszeile des folgenden sowie ein Bibliotheksvermerk angebracht. Dieser enthielt die Nummer der Tafel im Gesamtwerk (was der uns geläufigen Seitenangabe entspricht) und die ersten Worte des Werkes als dessen Titel.

Aus einem 1956 veröffentlichten Text, der aus dem 7. Jhdt. vor Chr. stammt, erfahren wir: Die Ärzte waren damals glattrasiert und trugen eine knappe Kleidung. Sie führten einen Sack mit Heilkräutern mit sich. Jeder von ihnen trug außerdem einen Krug für das Trankopfer und ein Weihrauchfaß mit sich. Ihre Dienste priesen sie anscheinend ungeniert öffentlich an und sparten nicht mit Hinweisen auf ihre Tüchtigkeit und Erfolge.

Im Umkreis der Medizin gab es auch noch andere Berufe, wie etwa Salbenbereiter und Barbiere.

Während die freien Ärzte dazusehen mußten, wie sie zu ihrem Le-

© BAYER AG Leverkusen, Archiv

Mit Keilschrift beschriebene Tontafeln, Nippur,
um 700 v. Chr. Die Texte berichten aus der sumerischen
Epoche der Heilkunde Anfang des 2. Jahrtausends v. Chr.

bensunterhalt gelangten, erhielten die Hofärzte als fix angestellte Mediziner ein festes Honorar. Von diesem Gehalt abgesehen waren sie vertraglich verpflichtet, ihren Beruf unentgeltlich auszuüben, etwa in Tempeln oder Heiligtümern,. Sie wurden dafür jedoch von dankbaren Patienten mit Naturalien entlohnt.

Die assyrischen Ärzte genossen hohes Ansehen und wurden auch von ausländischen Königen abengagiert. So gibt es etwa ausführliche Berichte von assyrischen Ärzten, die am Hofe von Hattusa, der Hauptstadt des Hethiterreiches, wirkten.

Wohl der berühmteste Arzt dieser Zeit war Arad-Nana, Leibarzt des Königs Asarhaddon (680-669 v. Chr.). Von ihm ist ein langer Brief erhalten, in dem er seinem Herrscher (allerdings wenig effektive) Ratschläge zur Linderung von Rheuma gibt.

Darüber hinaus gibt es noch reine Heilmittelverzeichnisse, die aus zwei bis drei Spalten bestanden. Die erste Spalte gibt dabei den Namen des Heilmittels an, die zweite die Krankheit, gegen die das Mittel gerichtet ist, und die dritte die Gebrauchsanweisung. Es heißt da z.B.:

- Süßholzwurzel – ein Hustenmittel – zerreibe sie und trinke sie zusammen mit Öl und Bier.
- Sonnenblumenwurzel – ein Heilmittel für Zahnweh – lege sie auf den Zahn.
- Wasserrübe – ein Heilmittel bei Trockenheit des Mundes – auf den Mund zu legen.

Aus dem 8. vorchristlichen Jahrhundert ist eine Schrift überliefert, in der bereits von einem Heilkräutergarten die Rede ist. Dieser Heilkräutergarten des Königs Mardukapaliddina enthielt nicht weniger als 64 Heilpflanzen. Als gesichert gelten davon: Apfel, Granatapfel, Dattel, Feige, Traube, Maulbeere, Birne, Mandel, Pistazie, Johannisbrot, Olive.

An Gemüsesorten wurden gepflanzt: Gurke, Kürbis, Knoblauch, Zwiebel, Lattich, Lauch, Rübe, Bohne, Platterbse. An Gewürzen: Fenchel, Safran, Thymian, Senf, Kümmel, Zichorie, Dill, Koriander, Portulak.

Im Heilpflanzengarten seiner Majestät wuchsen aber auch – und wurden für Heilzwecke verwendet – Rosen, Anemonen, Oleander, Königskerze, Krokus, dazu Bäume und Sträucher wie Dattelpalme, Zypresse, Pinie, Tamariske, Platane, Süßholz, Myrthe, Lorbeer, Wacholder, Buchsbaum, Schilf. Genutzt wurden davon Wurzeln, Holz, Rinde, Blätter, Früchte und Saft.

An stark wirkenden Drogen gab es Nieswurz, Bilsenkraut, Alraune, Hanf und Opium. Man schien damals allerdings schon genau differenzieren gelernt zu haben zwischen dem hochwirksamen (oft schwer giftigen) Inhaltsstoff und der Verdünnung, die nötig war, um daraus ein Heilmittel zu machen.

Andere Namen von Heilpflanzen lassen sich zwar übersetzen (Bitterpflanze, Fischkraut, Meerzahn, Schlangenohr usw.), man weiß aber bis heute nicht, um welche Gewächse es sich dabei handelte.

Unter den tierischen Heilmitteln werden die Organe fast aller Tiere genannt. Am häufigsten wurden Körperteile oder Produkte von Haustieren eingesetzt. Dabei sind auf den Tontafeln recht genaue Angaben enthalten wie zum Beispiel Eselsmilch, Milch einer weißen Kuh, Fett einer schwarzen Schlange, Taubeneier, Gebirgshonig oder Fischtran.

Auch die Babylonier kannten so etwas wie eine „Dreckapotheke". Urin, Kot und andere Ausscheidungen (z.B. Schweiß) waren dabei die bevorzugten „Arzneien".

Die meisten Heilmittel waren einheimische Produkte.

Zumindest seit dem 3. Jahrtausend gibt es in der Literatur Hinweise auf Ärzte. Sicherlich gab es aber auch schon lange vorher ausgebildete Mediziner – und jede Menge Quacksalber und selbsternannte „Wunderdoktoren".

Übrigens: Das deutsche Wort Arzt leitet sich vom sumerischen „azu" ab. Übersetzt heißt das: Der Mann, der Wasser (oder Öl) kennt. Sollte das etwa ein Hinweis darauf sein, daß, ehe es eine fundierte Medizin gab, der „Arzt" ein Mann war, der aus dem Wasser Omina herauslas und die Zukunft voraussagte?

Die Schutzgöttin der Mediziner hieß damals Gula.

Es gab sogar einen Gott, der Ninazu (Herr Doktor) genannt wurde, und dessen Sohn Ningizzida als Symbol seiner Würde und seines Standes einen Stab mit zwei ineinander verschlungenen Schlangen trug. Wir kennen dieses Symbol als „Äskulapstab“ und halten es für eine Erfindung der Antike.

Zwei Arten von Literatur informieren die Nachwelt über Ärzte und ärztliche Tätigkeit im Zweistromland: Gesetzestexte, Briefe, andere Texte und Omina, die recht detaillierte Hinweise auf verschiedene Krankheiten geben.

Die wesentlichen Kenntnisse über die Medizin dieser Zeit stammen aber von medizinischen Texten, die meisten von ihnen aus dem 7. Jahrhundert aus der Bibliothek des Königs Assurpanibal von Ninive. Einige noch ältere Tontafeln wurden in Assur gefunden, und reichliches Material für die Medizingeschichte Mesopotamiens lieferte das Archiv der Hethiterhauptstadt Hattusa, mit heutigem Namen Bogazköy – allerdings nicht mehr in der Originalsprache, sondern in hethitischer Übersetzung.

Eine medizinische Rezeptesammlung ist in die Periode II der Dynastie von Ur zu datieren.

In einem Teil der Keilschriften wird über medizinische Diagnosen berichtet, in anderen Texten herrschen Rezepte vor. Doch es findet sich durchaus auch beides, Diagnosen und Rezepte, auf einer Tafel.

Die Tontafeln mit Diagnosen (und auch mit Prognosen) geben einen tiefen Einblick in die Vorstellungen der alten Babylonier über die Entstehung und Ursache von Krankheiten. Im allgemeinen glaubte man nämlich, Krankheit sei entweder auf die „Hand“ einer Gottheit oder gar darauf zurückzuführen, daß der Kranke von einem bösen Geist (Teufel) besessen sei. Dies geht zumindest aus den bisher gefundenen Tafeln hervor, stellt aber sicherlich nur einen kleinen Ausschnitt des damaligen Wissens dar. Möglicherweise sind sogar die „falschen“ Texte der Nachwelt erhaltengeblieben. Ähnliches zeigte sich auch beim ägyptischen medizinischen Schrifttum. Zuerst wurden vor allem magische Elaborate gefunden und führten zu einer falschen Vorstellung über die ägyptische Medizin, die als Magie abgetan wurde. Erst spätere Funde rückten das Bild ins rechte Licht.

Auf Grund dieser unterschiedlichen Auffassungen über die Krankheit gab es klarerweise auch zwei verschiedene Zugänge dazu. Man konnte der Krankheit entweder mit medizinischen Maßnahmen (unter Umständen auch mit chirurgischen Eingriffen) zu Leibe rücken oder mit Hilfe magischer Prozeduren, um den „bösen Geist" auszutreiben.

Eines der medizinischen Werke enthielt ursprünglich 40 Kapitel und war in fünf Abschnitte gegliedert.

Der erste Abschnitt (aus zwei Tafeln bestehend) hat zwar mit medizinischen Dingen nichts zu tun, wurde aber von antiken Autoren als dem Gesamtwerk zugehörig bezeichnet. Dieser erste Teil enthält nämlich Omentexte. Diese befassen sich mit der Interpretation von Zeichen, die auftauchen, während der Exorzist oder eine andere Person auf dem Weg zum Haus des Kranken ist. Als Beispiel einige dieser Texte im Wortlaut:

„Wenn die Tür von einem Haus, in dem ein Kranker liegt, aufschreit wie ein Löwe (weniger bildhaft gesagt: wenn die Türe knarrt), dann hat er das Tabu seines Gottes verzehrt, er wird sich noch eine Weile dahinschleppen und dann sterben."

„Wenn der Exorzist einen schwarzen Hund oder ein schwarzes Schwein sieht, dann wird der kranke Mann sterben."

„Wenn ein Rabe vor einem Mann klagend krächzt, dann wird er Tränen weinen; wenn ein Rabe hinter einem Mann klagend krächzt, dann wird sein Gegner Tränen weinen."

In dieser Tonart geht es weiter.

Im zweiten Abschnitt, der aus zwölf Tafeln besteht, setzt sich der Autor mit den körperlichen Symptomen auseinander, indem er sie nach den verschiedenen Organen und Körperteilen gruppiert. Aber auch da haben diverse Götter als „Verursacher" die Hand im Spiel. So heißt es beispielsweise:

„Wenn ein kranker Mann fortgesetzt schreit: Mein Schädel, mein Schädel, dann ist das die Hand eines Gottes.“

„Wenn er von Kopf bis zu seinen Füßen voller roter Pusteln ist, und sein Körper ist weiß, dann wurde er krank, als er mit einer Frau im Bett lag. Die Hand des Gottes Sin.“

„Wenn einer an seinen Schläfen aufgedunsen ist und seine Ohren nicht hören, haben sich die Hände seines Gottes auf ihn gelegt.“

„Wenn das rechte Ohr eines kranken Mannes hämmert, ist er ernstlich krank, aber er wird leben. Wenn sein linkes Ohr hämmert, besteht Grund zur Sorge. Wenn beide Ohren hämmern, wird er sterben.“

Auf diese Weise wird jeder Körperteil abgehandelt. Symptome der Speiseröhre, der Kehle, der Arme, Hände, Finger, Beine, Brüste, Lenden, des Rückens, des Bauches. Sehr häufig scheinen Erkrankungen der Atmungsorgane auf. Auch Rheuma scheint weitverbreitet gewesen zu sein.

Obwohl hier Symptome recht gut beschrieben sind, ist praktisch jedesmal irgendein Gott oder eine Göttin dafür verantwortlich. So zum Beispiel, „wenn sein Phallus und seine Hoden entzündet sind, hat die Hand der Göttin Tilbat (Venus) ihn in seinem Bett gefaßt. Wenn seine Hoden entzündet sind und sein Phallus mit Entzündungen bedeckt ist, dann hat er mit der Hohepriesterin seines Gottes Verkehr gehabt.“

Im dritten Teil, der aus zehn Tafeln besteht, werden Prognosen gestellt. Diese Prognosen sind von einheitlichem Aufbau und lauten: „Wenn ein Mann sounsoviele Tage krank ist, und das und das Symptom ist (oder ist nicht) erkennbar, dann wird er das und das Schicksal erleiden.“ Die Prognosen sind also jeweils für Tage gestellt und liefern einen (tröstlichen oder betrüblichen) Ausblick für den Kranken. Die besprochene Krankheitsperiode kann sich aber auch über Monate hinziehen, nicht nur über wenige Tage.

In diesen Texten werden nicht immer Götter oder Dämonen mehr als Krankheitsursache zitiert. Manchmal gibt es auch ganz nüchterne Beschreibungen wie diese:

„Wenn er vier Tage krank ist, seine Hand ständig auf seinem Bauch hält und sein Gesicht eine gelbe Färbung annimmt, wird er sterben."

„Wenn er fünf Tage krank gewesen ist, und am sechsten Tag kommt Blut aus seinem Mund, wird seine Krankheit gelindert werden, es ist das Setu-Fieber."

Doch ganz ohne Götter bzw. böse Geister geht es halt doch nicht. Beispiel:

„Wenn er fünf oder zehn Tage krank ist und bekommt weder Fieber noch Schweiß, dann ist es die Hand von Sin, er wird sterben."

„Wenn er vier oder fünf Tage krank ist und fortgesetzt Schweiß über sein Gesicht strömt: Nachlassen der Krankheit. Wenn er vier oder fünf Tage krank gewesen ist: die Hand von Ahhazu." (Ahhazu ist der Name eines Dämons und heißt wörtlich übersetzt „der Greifer".)

Am Ende des dritten Abschnitts sind jedoch die einzelnen Anzeichen einer Krankheit sehr präzise beschrieben. Es heißt da:

„Wenn der Körper eines Mannes gelb ist, sein Gesicht ist gelb, seine Augen sind gelb, und sein Fleisch ist schlaff, dann ist das die Gelbsucht."

Oder: „Wenn Kummer ihn befällt, seine Kehle wie zugeschnürt ist, wenn das Essen und das Trinken ihm nicht schmecken, wenn er sagt: O mein Herz und ständig seufzt, dann ist er liebeskrank. Die Diagnose ist für den Mann die gleiche wie für die Frau."

Bei Geschlechtskrankheiten scheint immer die Liebesgöttin ihre (unheilvolle) Hand im Spiel zu haben, wie folgendes Beispiel zeigt: „Wenn der Phallus eines Mannes und der obere Magenteil brennen und der untere Magenteil ihm Beschwerden verursacht, wenn er ein Brennen in seinen Armen und Füßen und in seinem Bauch verspürt, dann leidet der Mann an einer Geschlechtskrankheit: Es ist die Hand der Göttin Istar."

Der vierte Abschnitt dieses Werkes – ursprünglich aus zehn Tafeln bestehend – ist stark beschädigt und leider nur zu einem geringen Teil erhalten. Aus den mühsam entzifferten und übersetzten

Fragmenten ist ersichtlich, welch überragende Rolle den Gottheiten und bösen Dämonen in der babylonischen Medizin zugeschrieben wurde. Daraus geht aber auch hervor, welche Heilmittel eingesetzt wurden. Beim folgenden Fall ist es den Fachgelehrten leider nicht gelungen, herauszufinden, um welche Krankheit es sich dabei handelt. Der Text lautet:

„Wenn die Hand der Istar ihn mit Bel-uri schlägt. Um ihn zu retten: die Wurzel der Kaper, die Wurzel des Weißdorns, die Wurzel des Fenchels, Samen vom Bilsenkraut, das blutige Kleid einer Frau und Euphorbiengummi (von der Wolfsmilchpflanze) im Fell eines reinen Zickleins." An den Hals gelegt soll der Erkrankte durch diese Ingredienzien genesen.

Damit läßt sich zumindest indirekt einiges anfangen: Weißdorn ist eines der meistverschriebenen Herzmittel, dem Fenchel werden krampfstillende, narkotisierende Eigenschaften zugeschrieben, Bilsenkraut wird in der modernen Phytotherapie zur Linderung der Schüttellähmung im Zuge einer Parkinson-Krankheit verwendet.

Wesentlich dubioser ist jene Mischung, die zur Rettung eines Epileptikers angeführt wird: Menschlicher Samen, Meeresfrüchte, eine Hulu-Maus aus dem Rohrdickicht, die nur spärlich mit Haaren bedeckt ist, die Ohrspitze eines schwarzen Hundes ... Das Ganze soll man dem Kranken an den Hals legen, dann wird er gesund.

Aber solche zum Teil ausgesprochen obskuren Mischungen aus exzellenter Beobachtung und dumpfem Aberglauben sind, obwohl sehr häufig, nicht die Regel. So enthält eine Abhandlung aus der Zeit der II. Dynastie von Ur (um 2000 vor Christus) im Gegensatz zu einigen späteren Beispielen überhaupt keine magischen Ingredienzien, ist völlig sachlich und berichtet über die Zubereitung und Darreichung von Medikamenten. Auch diese Rezepttexte in akkadischer Sprache bestehen im allgemeinen aus drei Abschnitten: ein Hinweis auf die Symptome, eine Liste pharmazeutischer Materialien und die Anweisung für die Zubereitung und Anwendung der Medikamente.

Unter den Behandlungsarten sind genannt: Breiumschläge, Arzneitränke, Waschungen mit heißen Aufgüssen.

Ein Dutzend der insgesamt 15 Rezepte bezieht sich auf äußerliche Anwendungen. Dafür werden folgende Beispiele angeführt:

„Zerstoße die Wurzeln (von speziellen Pflanzen) zusammen mit getrocknetem Flußbitumen, gieße Bier darüber, massiere (die betreffende Stelle) mit Öl und lege dann das angefertigte Präparat als Breiumschlag auf."

„Zerstoße Samen (gewisser Pflanzen), gieße Bier darüber und gib diese Mixtur dem Patienten zum Trinken."

In der dritten genannten Rezeptkategorie wird der Kranke selbst aufgefordert, aktiv in den Wiederherstellungsprozeß einzugreifen. Das lautet so:

„Erhitze und wasche die betroffene Stelle mit der heißen Flüssigkeit."

Es sind aber auch Rezeptsammlungen nach Körperteilen (aus einer anderen Periode) erhalten. Jenes gegen Magenbeschwerden lautet:

„Wenn der Magen eines Mannes heiß ist, sollst du den Samen einer Tamariske nehmen und ihn mit Honig und geronnener Milch vermischen. Er wird essen und gesund werden."

Die Tamariske dürfte allerdings importiert worden sein, denn es handelt sich dabei um ein typisches Gewächs aus dem Nilland. Die Früchte der Tamariske wurden, so berichten schon Pyramidentexte, äußerlich bei Entzündungen und zur Behandlung der Gefäße verwendet. Der antike Pharmazeut Dioskurides führt überdies als Indikation Blutspeien und andere Magenprobleme an.

Honig galt praktisch in der gesamten alten Welt als geschätztes Nahrungs-, Genuß- und Heilmittel. Man versuchte damit die Wundheilung zu beschleunigen. Als Grabbeigaben für die Pharaonen fanden sich luftdicht verschlossene Honigtöpfe. Ja selbst aus der Steinzeit vor rund 16.000 Jahren kennen wir bereits eine Abbildung, die Bienen und einen Honig sammelnden Menschen zeigt.

Im oben erwähnten Text heißt es weiters: „Um die Hitze im Magen zu beseitigen, sollst du die sieben Arzneimittel Holunder, Zuckerrohr (zwei Namen fehlen auf der Tafel), Teufelsdreck (Asa foetida), Datteln und Tannenöl zusammen zerstoßen. Du sollst das Ganze durchseihen, in einem Ofen erhitzen, herausnehmen, nochmals durchseihen und abkühlen lassen. Dann sollst du Hülsen von der Gerste hinzufügen, und darauf sollst du Rosenwasser schütten. Diese Mixtur sollst du in seinen After einführen, und er wird gesund werden." Kurz zusammengefaßt: Hier ist das erste schriftlich überlieferte Beispiel für eine Krankheitsbehandlung durch Einlauf.

Die Zufuhr eines Präparates „von der anderen Seite" beschreibt die folgende Anweisung, bei der es um die Anwendung eines Medikaments aus verschiedenen Pflanzen geht: „... er soll das mit seinem Mund schlucken, und er soll das in seine Nasenlöcher einsaugen, und er wird gesund werden."

Ein weiterer Text lautet: „Wenn ein Mann Schmerzen hat, dann sollst du Gummiharz von der Aleppo-Pinie, Galbanum und Turmerikwurzeln auf dem Feuer zubereiten, und dann sollst du seine Nasenlöcher damit ausräuchern. Du sollst deinen Mund mit Öl füllen und es in seine Nasenlöcher blasen, und er wird gesund werden."

Doch ganz ohne Hokuspokus geht es auch bei diesen klaren Beschreibungen nicht. Hie und da wird die Magie bemüht. Etwa dann, wenn während der Zubereitung eines Medikaments eine Zauberformel aufgesagt werden muß.

Auch die Inhalation war als Behandlungsmethode bekannt. Dazu wurden einige pflanzliche Ingredienzien zubereitet und mit Öl, Bier und geronnener Milch aufgegossen. Dazu gab es folgende Anweisung: „Du sollst einen großen Topf nehmen, seine Seitenflächen schmiere mit Weizenteig ein, koche das Gebräu darinnen über einem Feuer, lege eine Röhre aus Schilf hinein, laß ihn den Dampf so einatmen, daß er in seine Lungen gerät, und er wird gesund werden."

Zumindest in den erhaltengebliebenen Tontafeltexten ist kaum etwas von fundierten anatomischen Kenntnissen zu bemerken. Man scheint sich nur wenig oder kaum mit dem menschlichen „Innenleben“ beschäftigt zu haben – zumindest, was die Texte angeht.

Doch das besagt noch nichts. Die Chirurgie ist zweifellos ein Fach, das man am Objekt erlernen muß, bei dem Schriftliches an sich herzlich wenig hilfreich ist. Das könnte als Grund dafür angeführt werden, daß chirurgische Texte und Textstellen nur sehr spärlich gesät sind. Als Gegenargument läßt sich aber anführen daß wir aus Ägypten sehr wohl chirurgische Papyri kennen. Wie dem auch sei, der Grund für die Absenz chirurgischer Literatur aus Babylonien läßt sich nicht mehr klären.

Dennoch gab es bei den Babyloniern den Stand des Chirurgen. Das wissen wir durch die Gesetzestexte des Königs Hammurabi (1728-1686 v. Chr.), einer Schlüsselfigur der Geschichte Vorderasiens, der in seinem „Codex“ nicht nur Gebühren für eine erfolgreiche Behandlung festlegte, sondern auch für allfällige Kunstfehler. Ein Art Patientenanwalt also, auf Gesetzestafeln fixiert, bereits vor mehr als 2000 Jahren eingeführt.

Das von ihm geschaffene und seinen Namen tragende Gesetzbuch, der Codex Hammurabi, umfaßt insgesamt 282 Paragraphen, neun davon regeln die Beziehung Arzt-Patient. Und zwar sind dies die Abschnitte 215 bis 223. Eingemeißelt waren diese Paragraphen in einen schwarzen Dioritblock. An dessen Spitze ist Hammurabi selbst stehend abgebildet. Ihm diktiert auf dieser Darstellung Schmasch, der Gott der Gerechtigkeit, die in den Block gemeißelten Gesetzestexte.

Hier ein Auszug aus der Honorar- und Strafgeldregelung für Ärzte, die zur Zeit Hammurabis lebten:

„Wenn ein Arzt einem Bürger mit dem bronzenen Messer eine schwere Wunde gemacht hat und dadurch den Bürger gesund werden läßt oder mit dem bronzenen Messer eine Geschwulst öffnet und dabei das Auge des Bürgers gesund werden läßt (andere Übersetzung: erhält), so nimmt er dafür zehn Sekel Silber. Wenn es ein Freigelassener war, so erhält er fünf Sekel Silber. Wenn es ein Sklave war, so soll dessen Eigentümer dem Arzt zwei Sekel Silber geben."

Hier begegnen wir dem ersten Beispiel sozial abgestufter Tarife, die es auch der finanziell schwächeren Bevölkerungsgruppe ermöglichen, die Dienste des Arztes in Anspruch zu nehmen. Niedergelegt vor rund 3700 Jahren!

Chirurgen, die „patzten", kamen allerdings nicht mit einer Geldstrafe davon. Verschuldete ein Operateur den Tod oder die Blindheit eines Patienten, wurden dem Arzt die Hände abgehauen. Chirurgen lebten damals also ziemlich gefährlich und mußten schon exzellente Könner sein, um mit dem damals zur Verfügung stehenden Instrumentarium wirklich lebensrettend arbeiten zu können. Die oben angeführte Bestimmung galt aber wieder nur für Bürger. Für Sklaven gab es eine Sonderregelung, die da lautete: „Wenn der Arzt dem Sklaven eines Freigelassenen mit dem Operationsmesser aus Bronze eine schwere Wunde zufügt und ihn tötet, soll er einen Sklaven für den Sklaven ersetzen."

Wie die „Tarifordnung" des Hammurabi zeigt, waren die Kosten je nach Schwierigkeitsgrad der Operation (und auch, siehe oben, nach sozialer Schicht) gestaffelt. Für die Heilung eines Knochenbruches „soll der Kranke dem Arzt fünf Sekel Silber geben." Wenn es ein Freigelassener ist, soll er drei Sekel Silber geben. Wenn es jemandes Sklave ist, soll der Eigentümer des Sklaven dem Arzt zwei Sekel Silber geben.

Bezahlt wurde allerdings nicht in barer Münze, solche Geldstücke gab es damals noch nicht, sondern in Gewichtseinheiten Silber. Ein Sekel Silber war acht Gramm schwer.

Um sich eine Vorstellung von der Höhe des Honorars eines Arztes zu machen: Der Tageslohn eines einfachen Arbeiters betrug ein Fünfzigstel Sekel Silber, für einen Sklaven oder einen Ochsen waren 15 bis 30 Sekel auf den Tisch zu legen.

Da in diesem Gesetzestext ausschließlich chirurgische Eingriffe erfaßt sind und die „innere Medizin", die Behandlung mit Medikamenten, nicht aufgelistet ist, wird angenommen, daß diese Interventionen in den Händen von Priestern lagen, für die die weltlichen Gesetze nicht galten, die ihre Arbeit also ohne großes Risiko bei einem Fehlschlag durchführen konnten. Und offensichtlich wurde für die inneren Belange vorrangig mit Phyto-Arzneien gearbeitet.

Zum Einsatz kamen folgende Pflanzenteile: Samen, Harz, Wurzeln, Zweige, Holz, Rinde, Öle und wäßrige Extrakte. Den Keilschrift-Experten ist es aber bis dato bei den meisten dieser Pflanzen nicht gelungen, sie eindeutig zuzuordnen.

Zur Herstellung des jeweils wirksamen Medikaments wird auf Keilschrifttafeln eine Reihe von Ingredienzien aufgelistet: Ton, Honig, Kuhzitzen, Kaliumnitrat, Balsam und Wein.

Dabei ist man so vorgegangen: Auf der Vorderseite der Tontafel sind die Krankheitssysmptome geschildert, auf der Rückseite steht das dagegen hilfreiche Medikament bzw. dessen Ingredienzien und Zubereitung. Von den beiden einschlägigen Tafeln, die auf die Nachwelt gekommen sind, ist die Vorderseite (Beschreibung der Krankheit) derart schlecht erhalten, daß deren Inhalt nicht mehr rekonstruierbar ist.

Aus einer anderen Serie von Texten, die recht gut entzifferbar sind, blieben Sammlungen von Rezepten erhalten, von denen einige hier vorgestellt werden sollen.

Patienten, deren „Augen krank und voll Blut sind, Blut und Tränen rinnt aus den Augen, ein Häutchen liegt über der Pupille...", erhielten folgende Verschreibung:

„Du sollst Tamariskenblätter zerklopfen, sie in starken Essig tauchen und draußen unter den Sternen stehen lassen. Am Morgen sollst du sie in einem Helm zerquetschen. Weißen Alaun, Storax, akkadisches Salz, Fett, Kornmehl, Schwarzkümmel, Kupfergummi sollst du getrennt zerstoßen. Nimm gleiche Teile davon und mische sie. Schütte sie in den Helm, in dem du die Tamarisken zerquetscht hast. Du sollst es in Quark und Sunis-Mineral (worum es sich dabei handelte, ist unbekannt) kneten, seine Augenlider mit dem Finger öffnen und es in seine Augen streichen. Du sollst seine Augen schmieren, solange sie trüb sind, neun Tage lang sollst du dies tun."

Wieviel von den jeweiligen Zutaten zu nehmen ist, wird in diesem Rezept allerdings nicht verraten. Aus heutiger Sicht läßt sich dazu sagen: Die Inhaltsstoffe der Tamariske hemmen Entzündungen, Alaun wurde bis vor wenigen Jahrzehnten noch zur Blutstillung benutzt (und ist griffbereit neben dem Rasierapparat gelegen), ätherische Öle des Kümmels steigern die Durchblutung, das Storax genannte Harz aus der Rinde des kleinasiatischen Storaxbaumes nutzt man als antiseptisches Mittel, aber auch als heilenden Puder und Inhalationsmittel.

Bei einer anderen Verschreibung stießen Assyrologen aber doch auf Mengenangaben – und zwar für einen Gallentee: „10 Sekel Kiefernharz, 10 Sekel Galbanum, 10 Sekel Rosen, Senf, Salikornia-Alkali (aus einer Verwandten der Zitterpappel gewonnener Inhaltsstoff)."

Bedeutsam für die Wirksamkeit der Arznei war der Zeitpunkt ihrer Herstellung. Als besonders günstig galt die Nacht oder „der Morgen vor Sonnenaufgang". Tränke sollten am Abend angesetzt und über Nacht stehen gelassen werden, der Patient sollte sie dann am Morgen auf nüchternen Magen trinken.

Verabreicht wurden manche Medikamente mit Hilfe besonderer Instrumente: Röhrchen aus Kupfer, mit denen man einerseits flüssige oder pulverförmige Substanzen wie durch ein Blasrohr in Körperöffnungen einbrachte. Andererseits dienten die Röhrchen auch als eine Art Trinkhalme.

Ärzte des Zweistromlandes kannten auch schon die physikalische Therapie. „Wenn ein Mann Krämpfe hat, laß diesen Mann mit unterkreuzten Füßen niedersitzen, gieße gekochtes ... (unleserlich) und Kassia-Saft über sein Haupt, und er wird gesunden."

Eine andere Vorschreibung für eine Massagetherapie lautet: „Lege seinen Kopf nach unten und seine Füße unter ihn, bearbeite seinen Rücken mit dem Daumen und sprich: Sei gut, bearbeite seine Arme 14mal, bearbeite seinen Kopf 14mal, indem du ihn auf dem Boden rollst."

Dr. Henri Bonnemain, Generalsekretär der französischen Gesellschaft für Geschichte der Pharmazie, sagt über die Pharmaziegeschichte des Zweistromlandes: „Die Heilkunde, wie sie sich auf diesen Tontafeln darstellt, übt aus mehreren gegensätzlichen Gründen eine gewaltige Anziehungskraft aus: Sie wirkt fremd und doch in seltsamer Weise nahe, sie hat magische Züge und wirkt doch vernünftig, sie ist so barbarisch wie modern, so absurd wie rational."

In der heutigen Türkei befindet sich das Kernland der Hethiter. Dieses indogermanische Volk drang nach 2000 v. Chr. in Zentralanatolien ein und gründete dort ein eigenes Reich, dessen Hauptstadt Hattusa hieß. Geschrieben wurde die hethitische Sprache in babylonischer Keilschrift. Eine umfangreiche Briefliteratur ist erhalten geblieben. Vielfach geht es dabei um diplomatische Schriftstücke. In diesen hochoffiziellen Schreiben werden nicht selten Ärzte erwähnt. So erfahren wir, daß Pharao Ramses II. um 1300 v. Chr. den Hethiterkönig bat, den ägyptischen Arzt Pareamkuh an einen hethitischen Vasallenkönig weiterzuleiten und dafür zwei dort tätigen ägyptischen Ärzten die Heimreise zu gestatten.

Das Ansehen der Mediziner des Nillandes war in der damaligen Welt sehr groß. Sie ordinierten nicht nur im Heimatland, sondern wurden auch von fremdländischen Herrschern zu Rate gezogen. Wenn sie zu deren vollster Zufriedenheit gearbeitet hatten, wollten einige dieser Herrscher anscheinend gar nicht mehr ihre eigenen Medici konsultieren, sondern behielten die besseren ausländischen Doktoren bei sich – das scheint der Hintergrund der hier referierten Korrespondenz zu sein.

Zur gleichen Zeit, als der Brief des Pharao in Hattusa (heute ist das ein unbedeutendes Nest namens Bogazköy) einlangte, war am Hof des Königs ein babylonischer Arzt namens Rabasharmardu tätig. Mehr ist von ihm leider nicht bekannt. Auch bei den folgenden „Austauschprogrammen" kennen wir nur die Namen der Protagonisten. Um 1270 v. Chr. schickte der König von Babylon einen Arzt und einen Beschwörer (was damals gleichbedeutend war mit einem Priester und Geistheiler) zu seinen „Kollegen“ König Hattusslis II. Auch dieser Arzt wurde „einbehalten“ und Jahre später durch ein energisches Schreiben zurückverlangt.

Das hohe Ansehen der babylonischen Medizin führte auch dazu, daß medizinische Texte von hethitischen Schreibern im zweiten Drittel des zweiten vorchristlichen Jahrtausends eifrig abgeschrieben wurden – und über diesen Umweg erhaltengeblieben sind. Dabei wurden nur manche Texte in das Hethitische übersetzt, der Großteil der Medizinschriften ist in der Originalsprache – Sumerisch oder Akkadisch – abgeschrieben worden. Eigenständiges scheint aber, soweit wir heute wissen, von den Hethitern nicht geschaffen worden zu sein. Man verließ sich auf die bewährte „Schulmedizin“, verbrämte sie aber mit magischen Praktiken. Da verwundert es nicht sonderlich, daß der Herrscher im Falle der Krankheit sein Vertrauen lieber einem in der praktischen Medizin erfahrenen Ausländer schenkte als einem einheimischen Beschwörer-Arzt.

3. Kapitel

Rom und Hellas

Das berühmteste Arzneimittel der Antike, die Nieswurz, ist nach einem Arzt benannt, von dem wir allerdings nur aus der Sage wissen und dessen Lebensspuren nicht dingfest gemacht werden konnten. Dieser Erzählung zufolge soll der Arzt Melampos große Heilerfolge erzielt haben. Der spektakulärste Fall, der auch entsprechend ausführlich in den Sagen geschildert wird, betrifft die Heilung der Lysippe, einer der drei Töchter des Königs von Argos.

Melampos war ein guter Beobachter. So war ihm nicht entgangen, daß seine Ziegen, nachdem sie Nieswurz gefressen hatten, Durchfall bekamen. Daher ließ er die Patientinnen (die drei Töchter des Königs) Milch von diesen Ziegen trinken, die als leichtes Abführmittel wirkte. Darauf wurden heiße Bäder verordnet. Durch diese Behandlung wurde die älteste der drei Schwestern, Lysippe, sofort geheilt, die beiden anderen genasen wenig später.

Sie hatten keinerlei High-Tech-Ausrüstung, kein Mikroskop, kein Stethoskop, nichts an Geräten. Die Ärzte, von denen nur die Sage erzählt, und ihre historisch faßbaren Nachfahren hatten aber doch einiges an Grundausrüstung für ihren Beruf: Einen klaren Kopf, einen präzise arbeitenden Verstand, eine gute Beobachtungsgabe, ihre fünf Sinne, die ihnen halfen, eine Diagnose zu stellen, und schließlich noch die Natur um sich, die ihnen wertvolle Hilfsmittel zur Linderung oder Heilung von Krankheiten zur Hand gab. Dieses Rüstzeug reichte offensichtlich aus, ihre Namen und ihre Heilerfolge über die Jahrtausende hinweg zu dokumentieren.

Aus dieser sagenhaften Zeit, in der auch die Odyssee spielt und Homers Ilias, sind bereits Ärztinnen überliefert. Eine von ihnen, Agamede genannt, soll „alle auf der Erde wachsenden Heilkräuter" gekannt haben. In diesen alten Sagen wird auch von einer Ägypterin, der Polydamna berichtet, die die schöne Helena in die Geheimnisse der Pflanzenheilkunde eingeweiht haben soll.

Namentlich angeführt sind in den beiden Epen vor allem Militärärzte, die sich in erster Linie mit Kriegsverletzungen zu beschäftigen hatten.

Was Medizinhistoriker überraschte: An keiner Stelle der Odyssee ist von Beschwörungsformeln zur Heilung von Wunden die Rede. Vielmehr wurden rational begründete Methoden oder Heilpflanzen angewendet.

Was die frühe griechische Medizin kennzeichnet, ist, wie es der Arzt und Medizinhistoriker Prof. Dr. Joseph Schuhmacher ausdrückt, die „Zusammenschau". Heilkunde bezog sich demnach immer auf Leib und Seele. Somit kannte man in dieser frühen Zeit die Trennung in Einzeldisziplinen wie Ethik, Religion, Philosophie, Medizin nicht.

Der griechische Philosoph Demokrit, ein Verfechter der Atomtheorie, hat als einer der ersten den Versuch der Klassifizierung von Medikamenten unternommen, indem er sie in verschiedene Geschmacksrichtungen wie süß, sauer, bitter u.a. unterteilte.

Pharmaziehistoriker setzen einen entscheidenden Wendepunkt mit der Zeit Platons. „Zu dieser Zeit begann das Medikament mit Eisen und Feuer zu wetteifern", stellen die Experten fest. Die Palette der möglichen Interventionen wurde somit entscheidend erweitert. Schneiden und Brennen verloren ihre dominierende Stellung.

Ein kurzer Blick auf einige dieser alten Rezepte, dem Hippokrates, „Vater der Medizin" genannt, zugeschrieben: Zur Linderung einer Mandelentzündung sollte der Rauch eines Herdes eingeatmet werden, in dem Ysop, Schwefel und Erdpech brannten. Ergänzt konnte diese Therapie durch Gurgeln werden. Die Gurgelflüssigkeit bestand aus mit Essig versetztem Wasser, in welchem Oregano, Bohnenkraut, Sellerie und Pfefferminze gekocht wurden.

Zur Aufweichung von Geschwüren und zur Wundreinigung riet Hippokrates, Salben zu verwenden. Etwa nach diesem Rezept: Ein nußgroßes Stück Gänseschmalz, ein bohnengroßes Stück Mastixbaumharz oder Terpentinöl und ebensoviel Wachs. Das Ganze unter schwacher Hitze mit Rosenöl geschmolzen.

Bei Mandelentzündungen verschrieb der Nestor der wissenschaftlichen Medizin auch einen Umschlag aus Gerstenmehl, das in einer Mischung aus Öl und Wein gekocht wurde.

Ein Arzt namens Diokles, von dem der Naturforscher Plinius sagt, er sei der größte nach Hippokrates gewesen, hat das viel beachtete und noch rund ein Jahrtausend nach ihm als Standardwerk geltende Kräuterbuch „Rhizotomikon" verfaßt. Darin gibt es minutiöse Vorschriften für Gesunde und Kranke, Pflanzen zu nutzen. Da die antiken Mediziner in den meisten Fällen die benötigten Arzneien selbst herstellten, fertigte auch Diokles an, was er benötigte. So stellte er etwa Pessare gegen Scheidenkrämpfe her, die aus folgenden Inhaltsstoffen zusammengesetzt waren: Mehl von Bockshornsamen vermischt mit Gerste und Leinsamen, welches in Honigwasser gekocht wurde. Zusätzlich wurde dieses Gemisch noch auf den Unterleib gelegt.

Wurde dieses Mittel mit gleicher Menge Schwefel versetzt, heilt es, so sagte Diokles, auch Krätze, Hautflechte, Flecken im Gesicht.

Der griechische Arzt Erasistratos verordnete seinen Patienten vorwiegend „gesunde Lebensweise, Gymnastik und Dampfbäder". Gegen Leber- und Darmerkrankungen pries er in besonderem Maße die Zichorienwurzel. Er empfiehlt: „Sie im Wasser kochen lassen, bis sie gar ist. Dann sie wiederum in kochendes Wasser werfen, um den bitteren Beigeschmack zum Verschwinden zu bringen. Sie dann herausholen und in einen Topf mit Öl geben. Zum Zeitpunkt des Servierens ein wenig Essig hinzufügen, wobei zu vermeiden ist, allzu starken zu nehmen."

Einige weitere Heilmittel des frühen Griechentums:

Gegen Wassersucht wurden von Ptolemäus Philadelphos Umschläge aus Koloquinten, Melonen und Äpfeln empfohlen, die zusammen mit Wein zerstoßen wurden. Vom gleichen Autor stammt ein Mittel, mit dem sich angeblich Augen-, Ohren-, Nasen- und Hodengeschwüre erfolgreich behandeln lassen. Und zwar: Einreiben der schmerzenden Organe mit einer Mischung aus gebranntem Kupfer, Safran, Myrrhe.

Zum Abschluß dieses Streifzuges durch die griechische Pharmaziegeschichte noch ein Rezept des Herakleides von Tarent zur Schmerzlinderung und gegen Schlafstörungen. (Von Herakleides, der übrigens auch einer der ersten Toxikologen = Giftspezialisten war, sagte der renommierte römisch-griechische Arzt Galen: „Er war von großer Glaubwürdigkeit und berichtete nur das, was er selbst ausprobiert hatte.")

Das Mittel bestand aus Pillen, die aus vier Teilen Schierlingsgift, vier Teilen Bilsenkrautsaft und je einem Teil Bibergeil, weißem Pfeffer, Balsamkraut, Myrrhe und Opium zusammengesetzt waren. Das Ganze wurde mit gekochtem Wasser gemischt und dann zur gewünschten Ausdickung der Sonne ausgesetzt. Zur Linderung von Husten und zur Erlangung des Schlafs kreierte Herakleides, wie Galen berichtet, Pillen aus Safran, Zimt, Bibergeil und den „Tränen des Mohns".

219 vor Christus ließ sich ein griechischer Arzt in Rom nieder. Die Römer verwendeten zu dieser Zeit vor allem überlieferte Hausmittel und hielten wenig von der gelehrten griechischen beziehungsweise, wie wir heute sagen würden, von der „Schulmedizin". Der Name dieses Arztes war Archagathios. Von ihm erwarteten sich die führenden Schichten, daß er sich als Bahnbrecher für eine professionelle Heilkunde erweisen würde. Jedoch erwies er sich als schlechter Vertreter seines Faches und verstärkte damit im Volk die Ablehnung der „Schulmedizin". Doch der Fortschritt konnte nicht mehr gebremst werden. Gegen Ende des dritten Jahrhunderts faßten immer mehr griechische Ärzte Fuß in Rom.

Marcus Portius Cato (234 bis 149 v. Chr.) schöpfte die meisten seiner Kenntnisse aus der Volksmedizin und stellte sie in einem Buch zusammen. Cato war eine interessante, schillernde Persönlichkeit: Er war Landwirt, Advokat, Soldat, Konsul und Zensor. So nebenbei schrieb er auch noch eine Abhandlung über die Landwirtschaft. In diesem Werk weist Cato auch darauf hin, wie man Verletzte pflegt, Kranke heilt und die Gesundheit erhält.

Für ihn scheint das wertvollste und daher auch am meisten propagierte Heilmittel der Kohl gewesen zu sein.

Kohl wurde sowohl zum innerlichen Gebrauch angeraten als auch zur äußerlichen Anwendung. So etwa als Heilmittel bei Verletzungen in Form eines zerstoßenen und gekochten Kohlblattes, das als Brei auf die Wunde gelegt wird. Cato berichtet: „Wenn man Kohlblätter schneidet, wäscht und trocknet, sie in Salz und Essig einlegt, wird man eins der gesündesten Nahrungsmittel erhalten." Und Cato sagt weiter, daß dieses Nahrungsmittel ausgezeichnet ist und „alle Krankheiten zerstört."

Zu Lebzeiten Catos wurde übrigens in Rom – von einem Griechen – die erste Apotheke eröffnet. Diese bestand aus einem Sprechzimmer, einem Medikamenten-Verkaufsraum und einem Krankenzimmer. Dort wurde Hand in Hand mit einem Arzt gearbeitet. Arzneimittel wurden, wie archäologische Funde belegen, in Schachteln aus Holz oder Horn, in Zinngefäßen, Tontöpfen und Glasflaschen aufbewahrt.

Zu Beginn der Kaiserzeit vertraute man dann schon mehr den „gelernten" Ärzten als jenen Heilern, die vor allem auf Althergebrachtes setzten, aber nur wenig Ahnung von der Heilkunst hatten. Aber nach wie vor trugen die meisten Ärzte griechische Namen. Die Mediziner wurden „importiert".

Die wirklich guten Ärzte ließen sich selbst von einem erfahrenen Arzt ausbilden. Eine Art Ärzteschule gab es jedenfalls damals nicht. Hingegen kam es vor, daß Besitzer von Sklaven diese zu Ärzten ausbilden ließen. Offensichtlich war das Heilen eines edlen Römers nicht würdig.

Unter den antiken Ärzten gab es auch Frauen. Viele von ihnen, aber keineswegs alle, waren als Hebammen tätig. Man kannte schon eigene Frauenärztinnen. In der späten Kaiserzeit gab es immer mehr Fachärzte. Etwa Augenärzte, die gefährliche Staroperationen vornahmen, Ohrenärzte, Zahnärzte, Chirurgen oder (Blasen-)Steinschneider. Es gab auch schon den Internisten.

Damals wie heute waren qualifizierte Ärzte begehrt. Städte stellten ihnen viele Vergünstigungen anheim. Etwa einen Baugrund, Abgabenbefreiung und Geldzahlungen. Darüber hinaus verlangte der Arzt noch ein Honorar für seine Arbeit. Allerdings gab es keine festen Sätze. Aber: Die ethische Pflicht des Arztes verlangte es, seine Patienten nicht zu überfordern. Behandelt wurde in der Praxis oder, wenn der Patient nicht gehfähig war, zu Hause.

Im ersten Jahrhundert nach Christus schrieb und wirkte ein gewisser Aulus Cornelius Celsus, der ein vielbändiges Werk über das medizinische Wissen seiner Zeit verfaßte, aber vielleicht selbst gar kein Arzt war. Seine „Enzyklopädie" ist der Grundstock für viele nachfolgende Werke über Teilgebiete beziehungsweise Gesamtdarstellungen der Medizin.

In seinem fünften Buch berichtet Celsus unter anderem über Substanzen, die Blutungen stoppen. Das sind: Vitriol, Weihrauch, Alaun, Essig. Zur Heilung von Verletzungen, sagt er des weiteren, tragen Myrrhe, mit ihren Schalen zerstampfte Schnecken und Spinnweben bei. (Spinnweben wurden übrigens in vielen Teilen der Welt des Altertums für genau diesen Zweck verwendet.)

Celsus berichtet auch über Medikamente, die Wasseransammlungen auflösen, wie Eberraute, Erlenrinde, Schieferöl, Oregano. Als die Wundheilung beschleunigend werden genannt Ocker, Wachs, Butter.

Von den Werken des Galenos sind leider mehr als zwei Drittel der Nachwelt verlorengegangen. Galens Hauptwerk soll aus 70 Bänden bestanden haben – 23 sind noch erhalten. Aber das, was erhalten ist, läßt aufhorchen. Etwa die Feststellung, daß ein Medikament nicht richtig eingesetzt werden kann, wenn der Arzt die körperliche Verfassung des Kranken, sein Alter, das Wetter, die Jahreszeit, den Ort, die Luftbeschaffenheit und einiges anderes nicht berücksichtigt. Weiter: Der Erfolg einer Behandlung hängt vom Zeitpunkt ab, zu dem Heilmittel verabreicht werden, sowie von deren Menge (Dosis).

Zu dieser Zeit wurde auch das „Allheilmittel" erfunden, das aus Dutzenden von Substanzen zusammengesetzt war und wahre Wunderdinge bewirken sollte. Dieses „Theriak" genannte Mittel wurde bis weit in das 18. Jahrhundert und teilweise auch noch zu Anfang des 19. verwendet und hatte eine überaus weite Verbreitung.

Wie pharmakologische Analysen ergaben, dominierten im Theriak die Antiseptika, verbunden mit Stärkungs- und Anregungsmitteln, abgeschwächt durch die mäßigende Wirkung des Opiums. Um ihre Ausscheidung zu erleichtern, hat man diesen Produkten eine stark harntreibende Substanz zugefügt, die Meerzwiebel. So betrachtet ist das Rezept des „Allheilmittels" auch aus heutiger Sicht durchaus mit der wissenschaftlichen Orthodoxie vereinbar.

Scribonius Largus, um 50 n.Chr., Feldarzt und später Leibarzt des Kaisers Claudius, sagt selbst, daß er der Volksheilkunde viel entnahm. Das gleiche gilt für den zu seiner Zeit weit über die Grenzen seines Wirkungsbereichs hinaus berühmten und geschätzten Arzt Archigenes von Apamaia, der seinen Beruf zur Zeit Kaiser Trajans ausübte. „Einer der bedeutendsten Förderer der Chirurgie, der sich aber nicht scheute, namentlich bei Nervenkrankheiten mancherlei Amulette anzuwenden", wie der Arzt und Medizinhistoriker Dr. Georg Wilke berichtet.

Auch Pedanios Dioscurides, ein griechischer Arzt, der durch seine „Arzneimittellehre" Weltruhm über viele Jahrhunderte weg erlangte und von dem noch ausführlich die Rede sein wird, glaubte ebenfalls an der „Volksmedizin" nicht vorübergehen zu dürfen. Auch wenn er sie in seinem Werk nur kurz erwähnt.

© BAYER AG Leverkusen, Archiv

Auch die griechische Vasenmalerei hat sich mit Medizinthemen beschäftigt. Achill mit der Eisenlanze vor dem am Oberschenkel verwundeten Telephos. Griechische Vase, Anfang des 6. Jh. v. Chr.

Die wichtigste „Volksmedizin"-Quelle bildet Plinius (23 bis 79 n. Chr.).

Den Verkauf der Medizinalstoffe sowie der fertigen Medikamente besorgten, wie Ludwig Friedländer in seiner „Sittengeschichte Roms" feststellt, im Altertum die „Salben-, Drogen- und Spezereihändler". Letztgenannte, sie hießen bezeichnenderweise „Aromatarii", bildeten in Rom eine eigene Innung.

Übrigens: Augensalben waren durch einen Stempel gekennzeichnet, der den verschreibenden Arzt identifizierte. Mehr als 230 Steinstempel von Augenärzten sind heute noch erhalten. Fast alle davon stammen aus England, Frankreich, Deutschland, Österreich und den Niederlanden.

Auch in Carnuntum gab es Ärzte, und hier wurde reichlich chirurgisches Instrumentarium gefunden. Dabei ging es – da Carnuntum ein Militärstützpunkt war, die Zivilstadt Vindobona lag in einiger Entfernung – vorwiegend um Militärärzte, von denen Erinnerungsstücke überliefert sind. (Auch Dioskurides war Militärarzt, hatte allerdings mit Carnuntum nichts zu tun.)

Truppenärzte waren vom allgemeinen Wehrdienst befreit und nahmen eine ziemlich niedrige Position im Rahmen des Heeres ein. Sie bezogen den gleichen Sold wie gemeine Soldaten – also eher einen „Hungerlohn". Dafür durften sie außerhalb des Lagers eine Privatpraxis unterhalten.

Bei Ausgrabungen in Carnuntum wurde ein Lazarett freigelegt, in dem sich eine Menge medizinischer Instrumente fand. Es gab dort Operationsräume, Wartezimmer, Ordinationen, Verbandszimmer, eine Apotheke und möglicherweise auch Baderäume. Außerdem hat man die Reste einer (Spitals-?)Küche innerhalb dieses Areals freigelegt. Neben dem Lazarett scheint es auch ein Legionskrankenhaus gegeben zu haben, das rund einen Kilometer vom Legionslager entfernt war. Auch dort wurden viele medizinische Geräte gefunden.

Außerdem gab es in der Umgebung jede Menge Heilthermen.

Diese Heilquellen werden zum Großteil auch heute noch benutzt (siehe Bad Deutsch Altenburg, eine Ortschaft ganz in der Nähe Carnuntums).

Erhalten sind auch die Namen von Ärzten. Etwa: Eukrates medicus, also der Arzt Eukrates, der mit 25 Jahren hier an der rauhen Donau verschied und Sklave des Arztes Lucius war.

Der Arzt Lucius Iulius Optatus hat ebenfalls fern der Heimat, in Carnuntum sein Leben gelassen. Der Text auf seinem Grabstein führt an, daß Lucius Iulius Faustus, sein „Intimfreund“, dieses Grabmal errichtet hat. Wahrscheinlich war Doktor Optatus als Zivilarzt bei der Truppe tätig.

Die wichtigsten Instrumente für ihre hilfreiche Tätigkeit trugen die römischen Ärzte in einem Holzkästchen mit sich. Diese waren in zwei Ebenen unterteilt. Oben lagen fein säuberlich geschlichtet die Instrumente, unten die Medikamente.

In einem Arztgrab bei Bingen wurden nicht weniger als 60 Instrumente aus dem 2. nachchristlichen Jahrhundert gefunden. Man hat auch das Instrumentarium eines Doktors, der auf das Steinschneiden spezialisiert war, gefunden und jenes eines Augenarztes. Skalpelle, Pinzetten, Wundhaken, Nadelhalter, Knochenzangen, Knochenmeißel, Katheter, Spatelsonden, Reibspatel, Löffelsonden, Messerchen, Ohrlöffelchen und sogar Reibstäbe aus Glas sowie Reibpaletten für die Herstellung von Salben und Feinwaagen, aber auch Medizinaltöpfchen für jene Salben, die die Ärzte selbst zubereiteten und den Patienten persönlich überreichten, wurden in Gräbern von Ärzten gefunden.

Die frühesten römischen Überlieferungen zeigen, wie wir in anderem Zusammenhang auch immer wieder sehen werden, daß am Anfang der Heilkunde in jedem Fall die Götterwelt stand. Der auch prompt alles, was mit Wohlbefinden bzw. Krankheit zu tun hatte, in die Schuhe geschoben wurde. Krankheit wurde als Strafe gesehen für eine Vernachlässigung oder gar Leugnung des Verehrungsdienstes, der den Göttern zustand. Dieses Gedankengut geht auf das frühe Griechenland zurück, von dem es von den Etruskern übernommen wurde, aus deren Händen es wiederum die Römer übernahmen. Das geschah etwa im siebenten bis sechsten Jahrhundert vor Christus.

Vieles in der römischen Heilkunst stammt aus der Volksmedizin, der Erfahrungsheilkunde, wie man heute sagen würde. Andererseits vermeldete Celsus: „Vieles, was aus der Volksweisheit kommt, wurde von den Ärzten aber nicht angewendet" (zitiert nach Scarborough).

Letzten Endes läßt sich nachweisen, daß die griechischen Ärzte des 5. vorchristlichen Jahrhunderts, auf denen alle spätere abendländische Medizin aufbaute, bis ins vorige Jahrhundert nachwirkten und in Teilen noch heute wirksam sind.

Ein Beispiel dafür ist der bereits genannte Galen und seine Mittel gegen Übermüdung.

Die Heilung, heißt es da, erfolgt aus dem Gegensatz des Zustandes. (Auf gleiches Gedankengut werden wir auch bei Hahnemann stoßen, dem Begründer der Homöopathie.)

Galen, der die Übermüdung auf „schlechte Säfte" zurückführt, rät daher zwecks Genesung: „Der Saft muß verteilt werden, und damit ist das Leiden beendet."

Wie diese „Verteilung des Saftes" zu erfolgen hat? Galen: „Er wird durch viele und weiche Reibungen mit Öl ohne zusammenziehende Wirkung, am besten Sabineröl, verteilt. Ganz ungeeignet ist dazu ... das aus unreifen Oliven gepreßte Öl. Jetzt ist nur zu sagen, je süßer das Öl, desto nützlicher ist es hierbei."

Solches Öl „mußt du reichlich gebrauchen mit vielen Reibungen, am ersten Tage, damit die befürchtete Übermüdung nicht ganz zum Ausbruch kommt, am zweiten Tage, um die bisherige zu lösen."

Galen weiß auch Rat bei Muskelkater, „wenn die Muskeln über die Natur hinaus anschwellen, Schmerzen bei der Berührung erzeugen und heiß sind."

Die Heilung hat, wie Galen feststellt, drei Ziele: Entleerung der

Säfte, Beruhigung des Gespannten und Abkühlung des Entzündeten.

Daher wird zu sehr viel lauwarmem Öl, leicht einmassiert, und längerem Aufenthalt in körperwarmem Wasser geraten. Zusatz: „Noch mehr wird lauwarmes Wasser, nur kurze Zeit gebraucht, nützen."

Galen, der über verschiedene Arten von Ermüdungserscheinungen Bescheid weiß und diese auch gut differenzieren kann, führt uns an Hand eines anschaulichen Beispiels eine mögliche Heilanwendung vor. Er schreibt:

„Ich nehme zunächst einen jungen Mann an, der von Natur aus eine gute Säftemischung hat und bisher eine in jeder Hinsicht gesunde Lebensführung hatte. Jetzt aber ist er auf Reisen, kann weder in gewohnter Weise üben noch baden, muß unbekömmliche (bzw. ungewohnte, Anm.) Speisen und Getränke zu sich nehmen, nach dem Frühstück und der Hauptmahlzeit den ganzen Tag im Wagen fahren und kann auch meistens nicht richtig ausschlafen." Eine Zustandsschilderung, die von heute sein könnte.

Bei einem derartigen Zustandsbild genügen, so Galen, leichte Wiederherstellungsübungen, Bäder, leichte Massagen und eine gezielte Diät. Kommt aber noch eine Verdauungsstörung hinzu, wird ein Abführmittel Abhilfe schaffen.

Hier noch ein Zitat Galens, das in jedem modernen Medizinlehrbuch stehen könnte: „Es erfolgt die rechte Anwendung, wenn wir für jedes den rechten Zeitpunkt und das rechte Maß ausfindig machen."

An die Spitze der Gesundheit bzw. ihrer Erhaltung stellt Galen die Bewegung. Doch davor muß man die Muskeln lockern, den Körper geschmeidig machen. Im Original: „Bei der Reibung (=Massage), die zu den Übungen vorbereitet und die das Ziel hat, den Körper weich zu machen, muß man die Mitte zwischen hart und weich einhalten und danach den ganzen Körper formen."

Ein anderer sehr kluger Satz stammt ebenfalls von Galen: „Die natürliche Veranlagung zeigt von selbst, was bekömmlich ist, indem bei den einen der Magen vergällt ist, bei den anderen nicht." Heute haben allerdings die meisten Menschen verlernt, auf ihren Körper zu hören, die Signale, die er ihnen gibt, richtig zu erkennen. Galen: „Die Kunst der Gesundheitspflege verspricht diejenigen, die sich nach ihr richten, dauernd gesund zu erhalten."

Ein allgemeiner Rat, den Galenus seinen Zeitgenossen erteilte und dem auch heute nichts hinzuzufügen ist, lautet: „...sich nicht so zu verhalten wie die meisten Menschen, die wie unvernünftige Tiere dahinleben, sondern aus der Erfahrung zu beurteilen, welche Speisen und Getränke sowie welche Art und Menge von Bewegung ihnen schadet."

Speisen und Getränke als Mittel der Heilkunst – Galen hat alles gesammelt und niedergeschrieben, was bis zu seiner Zeit darüber bekannt war. Das Resultat: zwei recht ausführliche Bücher über „Die Kräfte der Nahrungsmittel".

Dabei wird gleich in der Einleitung betont, daß nicht jeder Mensch auf jedes (Nahrungs-)Mittel gleich reagiert. Was dem einen gut tut, schadet dem anderen. Und außerdem gibt es überall auch noch zusätzliche Stoffe, die zusätzliche Wirkung entfalten. Was Galen anhand mineralischer Stoffe schildert: „Zum Beispiel haben Aloe, gebranntes Kupfer, Kupfervitriol, Kupferblüte, Kupferhammerschlag und Kupfererz, obwohl es sich bei ihnen um zusammenziehende Mittel handelt, nicht die gleiche Wirkung wie andere Stoffe gleicher Indikation. Denn dadurch, daß in jedem derselben zu der zusammenziehenden Kraft und Substanz noch etwas anderes zugemischt wird, wird die Wirkung der einzelnen Bestandteile verändert, wie wenn man zum Beispiel Skammonium zu Quitten gibt, wie wir es bisweilen in der Tat machen."

Im letzten Kapitel befaßt sich Galenus sozusagen als Nachschlag mit den Quitten. Ein Heilmittel aus Quittensaft, so der römische Gelehrte, „dient dazu, bei Appetitmangel die Eßlust anzuregen, bei schlechter Verdauung diese zu fördern und – kurz gesagt – den Magen zu stärken".

Das Rezept: Zwei große süße Quitten auswählen. Ein Liter Saft soll mit der gleichen Menge besten Honigs und dreiviertel Liter Essig gemischt werden. Diese Mischung mäßig kochen lassen. „Man schäumt es ab und gibt drei Unzen (rund 80 Gramm) Ingwer dazu, zwei Unzen (rund 50 Gramm) weißen Pfeffer, dann läßt man dies wieder in gleicher Weise bis zu honigartiger Konsistenz einkochen." Das Mittel soll nüchtern genommen werden. Die Menge sollte einem mittelgroßen Löffel entsprechen. Auch eine Einnahme nach dem Essen „schadet auf keinen Fall", stellt Galen fest. Der beste Zeitpunkt sei jedoch zwei bis drei Stunden vor der Mahlzeit.

Sollten Probleme mit Magen oder Galle bestehen, rät Galen auf Ingwer und Pfeffer ganz zu verzichten.

Prof. Dr. Erich Beintiker, der maßgeblich an der Übersetzung und Interpretation der medizinischen Anweisungen von Galens Buch über die Kräfte der Nahrungsmittel mitarbeitete, sagte unter anderem 1948 über das oben genannte Skammonium, die Purgierwinde: „Von den alten Ärzten hochgeschätzt, jetzt fast ganz aus dem Arzneischatz verschwunden." Was nicht mehr und nicht weniger heißt, als daß dieses pflanzliche Abführmittel bis in die erste Hälfte des 20. Jahrhunderts durchaus noch gebräuchlich war.

In seiner „Gesundheitslehre" befaßt sich Galen nur am Rande mit der Wirkung von Bädern. Die große Zeit der prunkvollen Thermen ist noch nicht gekommen. Mit Wasser und der Körperreinigung im fließenden Naß – was sowohl psychisch als auch spirituell gemeint war – haben sich praktisch alle Kulturen dieser Welt auseinandergesetzt. Badehäuser sind schon aus dem alten Ägypten bekannt, spezielle Reinigungsrituale werden auch aus der Bibel überliefert. So spiegelt sich zum Beispiel in der Taufe die Anschauung wider, daß durch das Wasser eine Entsühnung und Erneuerung bewirkt wird.

Zu Homers Zeiten dürfte bereits eine Badewanne Standard in einem vornehmen Haushalt gewesen sein. Angesehenen Besuchern, die müde und verstaubt von weit her kamen, bot man zur Erfrischung ein warmes Wannenbad an. Es ist daher nicht verwunderlich, daß in den großen Heiligtümern der Antike Badeanstalten integriert waren. Oder daß es zumindest Reinigungsvorschriften gab, die erfüllt werden mußten, ehe man den Tempel bzw. das Heilzentrum betrat.

Unter Kaiser Augustus hatten die Badeärzte Hochkultur. Darüber berichtet auch Celsus, der selbst gerne Bäder und Güsse als „Medizin“ einsetzte. Der griechische Arzt Asklepiades, der sich um 100 in Rom niederließ, führte dort die Duschbäder ein. Diese setzten sich aber nicht durch. Zu ungemeiner Beliebtheit stiegen hingegen die Thermen auf – öffentliche Prunk- und Prestigebäder, die alles boten, was das Herz begehrte. Man konnte dort, wie man heute sagen würde, saunieren, ein Dampfbad genießen, sich in Ruhe erholen, in ein kaltes oder warmes Becken steigen, lustwandeln, philosophieren, Dichterlesungen hören, sich massieren lassen und noch einiges mehr.

Über die einzelnen metallischen „zusammenziehenden“ Mittel berichtet Dioskurides ausführlich. Vom gebrannten Kupfer schreibt er: „Es hat die Kraft zu adstringieren, auszutrocknen, zu verdünnen, zu besänftigen, herauszuziehen, zu reinigen, Geschwüre zu vernarben, fressende Geschwüre aufzuhalten.“ In dieser Abhandlung werden rotes und schwarzes gebranntes Kupfer genannt. Im ersten Fall handelt es sich um Kupferoxydul, im zweiten um Kupferoxyd, das ein beliebtes Mittel des Rademacherschen Arzneischatzes war.

Ein anderes „Metallikum“, das Dioskurides nennt, ist der Eisenrost, der adstringiert. In Zäpfchen eingelegt, behandelt er den Fluß der Frauen, innerlich genommen verhindert er die Empfängnis. Mit Essig aufgestrichen heilt er Rose (eine Hautkrankheit) und Ausschlag, er ist ferner sehr heilsam bei übergewachsenen Nägeln, rauhen Augenlidern und Geschwülsten, er macht das Zahnfleisch fest, hilft als Salbe bei Podagra und bewirkt dichtes Haar. Professor Berendes, der 1902 eine Übersetzung des Dioskurides herausgebracht hat, meint dazu: „Der Eisenrost, Ferrum oxydatum, spielt in mancherlei Modification in der heutigen Therapie eine nicht untergeordnete Rolle.“

Gaius Plinius Secundus, Flottenkommandant in Misenum und

Opfer des großen Vesuv-Ausbruchs, der Pompeji zerstörte, hat in seiner „Naturalis Historia" ebenfalls über Heilpflanzen und Heilmittel berichtet. So etwa über „sieben Arzneien vom Eisen". Dabei handelt es sich jedoch vorwiegend um magische Praktiken, in denen das Eisen eine Rolle spielt. Über den Eisenrost berichtet Plinius: „Er ruft auf Glatzen die Haare wieder hervor, heilt mit Wachs und Myrthenöl Rauheiten der Wangen und Blattern, in Leinwand aufgelegt Krätze und Nagelgeschwüre, stillt, in Wolle aufgelegt, die Blutflüsse der Frauen, heilt, mit Wein und Myrrhe versetzt, frische Wunden, mit Essig Aftergeschwüre und mildert aufgelegt die Gichtschmerzen."

Plinius schreibt auch über den „Eisenhammerschlag": „...stillt das Blut, wird gegen Milzleiden aufgelegt, hält Hämorrhoiden zurück", um nur einige Beispiele zu nennen. Besonders hebt Plinius hervor, daß dieser „Eisenhammerschlag" (abgeschlagen von Schneide und Spitze eines Schwertes) sich besonders zur Herstellung eines „flüssigen Pflasters" empfiehlt, welches zum Reinigen der Wunden und Fisteln „und auf entblößten Knochen zur Wiedererzeugung des Fleisches aufgelegt wird". Bereitet wird dieses „Pflaster" aus Pech, Kreide, Kupfer, Eisenhammerschlag, Wachs und Öl.

Bei Blutarmut und damit einhergehender Blässe wurde Wasser verordnet, welches zum Kühlen von Schmiedeeisen verwendet worden war.

Übrigens gab es zur Zeit des Plinius schon in Tablettenform gepreßte Medikamente. Beispielsweise die „Terra sigillata", ein Mittel, das noch bis zum Beginn des 20. Jahrhunderts hohe Wertschätzung erfahren hat. Diese „Terra sigillata" bestand aus Ton von den griechischen Inseln Lemnos, Melos und Samos, Kieselerde, Aluminiumoxid, Kalk, Magnesium und etwas Eisenoxid. Dieses Medikament wurde zu Tabletten gepreßt und erhielt einen Herkunftsstempel.

Heilmittel aus Mineralien und Metallen werden heute noch in der anthroposophisch erweiterten Medizin angewendet. Dort spielen sie sogar eine wesentliche Rolle.

In seinem umfangreichen Heilpflanzenbuch hat Dioskurides nicht nur 519 Pflanzenarten und die vorher geschilderten metallischen Stoffe (in einem Kapitel gemeinsam mit den Weinen und deren Heilkraft) beschrieben, sondern auch Edelsteine und Halbedelsteine aufgezählt. Über deren Wirkung ist er jedoch meist nur durch das Hörensagen informiert oder durch Autoren, die vor ihm lebten.

Die „Edelsteinsammlung" des Dioskurides enthält unter anderem Jaspis, der, wie sich Dioskurides zurückhaltend ausdrückt, als Amulett zur Beschleunigung der Geburt getragen würde, „sagt man".

Anhänger der Edelsteinmedizin schreiben dem Jaspis unter anderem folgende Wirkungen zu: Körperlich stärkend und aufbauend, gute unterstützende Wirkung bei Schwangerschaft, Geburt und Frauenleiden, gegen Schwangerschaftserbrechen.

Hildegard von Bingen weiß darüber zu berichten: „Bei wem sich im Herzen oder an den Seiten oder einem anderen Körperteil Säfteunwetter erheben (damit ist Gicht, Artherosklerose, Gefäßverkalkung gemeint), der lege einen Jaspis auf diese Stelle und drücke ihn dort fest an, bis er warm wird, und die Gicht wird weichen, weil die gute Wärme und die gute Kraft des Jaspis jene falsch kalten und falsch warmen Säfte heilt und zur Ruhe bringt."

„Saphirstein", dabei dürfte es sich um Lapislazuli handeln, „scheint getrunken bei Skorpionstichen zu helfen", berichtet Dioskurides und distanziert sich gleichzeitig ein wenig von dieser Aussage durch den Gebrauch des Wortes „scheint". Des weiteren, so Dioskurides, wird er auch gegen innere Geschwüre genommen.

Die Edelsteinmedizin ordnet dem Lapislazuli folgende Wirkung zu: Fördert die Einsicht, Erkenntnis, erweitert das Bewußtsein, wirkt gegen Schwellungen, Entzündungen, Fieber, nervöse Kopfschmerzen und Schlafstörungen.

In dem 1996 erschienen „Wörterbuch der Naturheilkunde" ist unter dem Stichwort „Edelsteintherapie" folgendes nachzulesen: „Gemeinsame Wirkungshypothese ist die elektromagnetische Informationsübertragung der Edelsteine auf die Menschen, die jedoch wissenschaftlich nicht belegt ist."

Ein junger Wiener Arzt, der sich eingehend mit der Heilwirkung von Edelsteinen beschäftigt hat und ungenannt bleiben will, sagt dazu: „Ich weise ausdrücklich darauf hin, daß nach unserer Erfahrung die Steine nicht geeignet sind, Krankheiten erfolgreich zu behandeln. In der richtigen Art angewandt können sie aber die innere Harmonie stärken, emotionales und energetisches Ungleichgewicht ausgleichen, die Meditation vertiefen, entspannen, die Gedanken klären, die Kreativität fördern und eine durchgeführte medizinische Therapie sinnvoll unterstützen."

4. Kapitel

Gesund mit dem Buch der Bücher

Wer einen anderen verletzt hat, soll dafür sorgen, daß er behandelt wird“, ist im biblischen Buch Exodus zu lesen. Daraus geht hervor, daß nicht nur für Profi-Heiler die Pflicht bestand, heilend Hand anzulegen, wenn es nötig war. Der Arzt durfte laut Bibel sogar den gesetzlichen Ruhetag, den Sabbat, entweihen und an diesem Tag seine Arbeit zum Heil und Wohl von Kranken verrichten. Das war ihm ausdrücklich erlaubt. Er brauchte für seine Verordnungen und Behandlungen auch die israelitischen Speisegesetze nicht einzuhalten. Und wenn der Arzt es als unerläßlich für die Heilung ansah, durfte er sogar ein Amulett einsetzen.

In dem alttestamentarischen Buch Jesus Sirach können wir nachlesen, in welchem Ansehen Ärzte zur Zeit der Bibel standen: „Ehre den Arzt, bevor du seiner bedarfst, denn auch ihn hat Gott erschaffen, und die ärztliche Kunst erhebt ihn, und er hat seinen Platz inne unter den Großen.“

An erster Stelle zuständig für die Behandlung Kranker waren jedoch die Priester. Sie waren in bezug auf Diagnose und Therapiemöglichkeiten allerdings weitgehend unbedarft. Daher begab es sich oft, daß sich die Familie eines Kranken oder dieser selbst nach der „Pflichtkonsultation“ beim Priester schleunigst zu einen echten Arzt begab, um seine Leiden möglichst rasch loszuwerden.

In späterer Zeit scheinen aber auch einige der Propheten durchaus über praktische Heilkenntnisse verfügt haben, denn die Bibel berichtet ausdrücklich davon. Eines ist aber für diese Zeit gewiß: Der Arzt allein reichte für die Genesung nicht aus. Dazu bedurfte es unbedingt des Gebets.

Positives Denken ist keineswegs eine Erfindung der modernen Zeit. Davon gibt es bereits eine Fülle von Beispielen in der Bibel. Motto: Der Glaube kann Berge versetzen.

Nicht nur das.

Daß Krankheit eine Strafe Gottes ist, dieser Glaube tritt überall zu Tage, wo von Krankheit die Rede ist, egal, ob bei den alten Ägyptern, den Assyrern, Babyloniern oder bei den Menschen biblischer Zeit. Krankheit als Strafe. In der Bibel wird das im Buch Exodus eindrucksvoll geschildert: „Wenn du dem Herrn, deinem Gott dienst, wird er dein Brot und dein Wasser segnen. Ich werde Krankheiten von dir fernhalten. In deinem Land wird es keine Frau geben, die eine Fehlgeburt hat oder kinderlos bleibt. Ich lasse dich die volle Zahl deiner Lebenstage erreichen."

Wer aber kein gottgefälliges Leben führt, den wird die volle Härte treffen. In der Bibel lautet das so: „Aber wenn ihr nicht auf mich hört, wenn ihr meine Satzungen mißachtet, meine Vorschriften verabscheut und den Bund mit mir brecht, indem ihr keines meiner Gebote befolgt, dann tue ich euch folgendes an: Ich biete gegen euch Bestürzung auf, Schwindsucht und Fieber, die das Augenlicht zum Erlöschen bringen und den Atem zum Ersticken."

In diesem Tonfall geht es im Buch Leviticus weiter. Da werden denen, die sich von Gott abwenden, kräftig, wie man zu sagen pflegt, die Leviten gelesen. Und in vollmundigen Worten wird ihnen mit psychischer und physischer Vernichtung gedroht. Weit und breit keine Spur vom barmherzigen Gott, vom „guten Hirten". Hier regieren drohende Faust und drohende Worte.

Aber durch die Bibel zieht sich auch wie ein roter Faden die Erkenntnis, daß Gesundheit und Krankheit sehr viel mit Lebenseinstellung, mit seelischem Gleichgewicht zu tun haben. Immer wieder treffen wir auf den Ausspruch: Dein Glaube hat dich gesund gemacht. Solange die Seele leide, nütze es nichts, den Körper gesund machen zu wollen, und umgekehrt.

In den großen Evangelien ist ebenfalls die Rede von Ärzten und ihrem Wirken. Einer der Evangelisten, Lukas, war selbst Arzt, wie im sogenannten Kolosser-Brief ausgeführt wird, wo es heißt: „Es grüßt euch Lukas, der Arzt."

Im Johannes-Evangelium stoßen wir auf den Satz: „Da nahm Maria ein Pfund Salbe von unverfälschter, köstlicher Narde und salbte die Füße Jesu... Das Haus aber ward voll vom Geruch der Salbe."

Als Maxime galt: Der Mensch muß darauf achten, daß er alles vermeidet, was Krankheit hervorrufen kann. Wird er trotzdem krank, so greife er zu dem, was der Schöpfer auf Erden hervorgebracht hat, um den Schmerz zu lindern und gegen den Tod anzukämpfen. Der Arzt wurde als Mensch gesehen, der mit den Geschenken des Herrn umzugehen versteht. Pflanzen, Mineralien und Tiere, die Heilkraft haben, gibt es überall auf der Welt. Man muß nur wissen, wie man diesen Schatz an heilenden Stoffen richtig anwendet.

Auch wenn unter frommen Juden die meisten fest daran glaubten, daß nur Jahwe heilen könne und Krankheit aus mangelndem Glauben resultiere, sprach Jesus Sirach vielen Menschen dieser Zeit aus dem Herzen, wenn er sagte: „Schätze hoch den Arzt, da er notwendig ist." Aber es gab auch damals schon den Stoßseufzer: „Gesegnet sei der Arzt, der nicht zu teuer ist." Und man kannte schon zu biblischen Zeiten den Arzt mit der überfüllten Ordination, bei dem man lange warten mußte, bis man endlich an die Reihe kam.

Aus Pflanzen hergestellte Öle und lindernde, angenehm riechende Salben waren die verbreitetsten Heilmittel zu biblischer Zeit. Öl wurde häufig mit Wein gemischt, und Honig diente nicht selten als Salbengrundlage. Man legte den Honig nicht nur auf die Wunde. Er wurde auch innerlich – etwa bei Halsschmerzen – angewendet.

Heute ist durch biochemische Analysen erhärtet, was damals aufgrund jahrhundertealter Erfahrung angenommen wurde. Nämlich, daß Honig eine vielseitige Heilkraft hat. Das ist wissenschaftlich belegt: Honig wirkt gegen Husten, ist bakterienabtötend und fördert die Wundheilung.

Da man damals von Chemie noch keine Ahnung hatte, wurde eben alles, was die Natur bot, sehr klug und wirkungsvoll als Medizin eingesetzt. Beispielsweise Feigenpflaster gegen Geschwüre. Jesaia heilte den König Hiskia auf diese Weise.

Gegen Krankheiten der Eingeweide verwendeten die Ärzte zur Zeit Jesu Christi: Rosmarin, Ysop, Raute, Knöterich, Begonie, „Wasser von Dekarim", das man aus Palmen gewonnen hat.

Gegen Herzklopfen verschrieben die biblischen Doktoren Gerste, in saure Milch eingeweicht.

Augenkrankheiten sind in den arabischen Ländern recht häufig. Staub, ständiger Wind, der Sandkörner zwischen die Lider bläst, und oft auch mangelnde Hygiene führten zu einem wahren Boom an Augenmitteln, -salben und -wässern. Manche dieser Mittel waren auf Grundlage von Antimon aufgebaut und boten auch Schutz gegen zu grelles Sonnenlicht.

Zahnärzte beruhigten den Zahnschmerz mit Knoblauch oder mit der Wurzel des Mauerkrauts, schmerzendes Zahnfleisch mit Salz und Teig.

In der Bibel gibt es auch eine Fülle von Ernährungsempfehlungen. Das beginnt bereits mit den Büchern der Genesis. In deren ersten drei Kapiteln werden klare, zeitlos gültige Richtlinien für eine allgemein gesunde Ernährung und Lebensweise gegeben. Bei gründlicher Lektüre dieser Vorschriften stellt sich heraus, daß diese Regeln heute hochaktuell sind. Sie fußten nämlich darauf, möglichst wenig Fleisch zu konsumieren, dafür reichlich Gemüse, Obst, Getreideprodukte, Ballaststoffe, Käse und andere Milcherzeugnisse.

In Genesis 1,29 ist darüber nachzulesen: „Dann sprach Gott: Seht, ich übergebe euch alles Kraut, das Samen hervorbringt auf der ganzen Erde, und alle Bäume, die samentragende Früchte hervorbringen. Das sei eure Nahrung."

Ernährungsrichtlinien, welche in unseren achtziger Jahren von internationalen Gesundheitsexperten und Behörden herausgegeben wurden, entsprechen bis in kleinste Details jenen, die bereits zu biblischen Zeiten niedergelegt wurden – und damals sicherlich auch schon ein paar Jahrtausende alt waren.

So riet beispielsweise der Prophet Ezechiel: „Und du, nimm dir Weizen, Gerste, Bohnen, Linse, Hirse und Spelt, tue sie in ein Gefäß und mache Brot daraus." Es hat vieler ernährungswissenschaftlicher Studien bedurft, um herauszufinden, daß Brot, das aus mehreren Getreidesorten hergestellt ist, einen höheren Nährwert hat als „Einkornbrot".

Durch das Klima des alten Israel begünstigt, wuchsen dort reichlich Feigen und Granatäpfel. Letztere sind vorzügliche Lieferanten von Mineralstoffen, besonders Phosphor, enthalten Vitamin C und Kalium, welches für die Regulation des Blutdrucks von Nutzen ist.

Japanischen Forschern ist es gelungen, aus Feigen krebshemmende Stoffe zu isolieren. Außerdem zeigte sich, daß Feigen nicht nur ein mild abführendes Mittel sind, sondern auch den Appetit zügeln und damit die Gewichtsreduktion auf ganz natürliche Weise fördern.

Gemüse wurde in jeder Menge gegessen. Das hatte nicht nur ökonomische Gründe. Das Gros der Israeliten war sicherlich nicht begütert, doch hatte der Konsum von diversen Gemüsesorten einen durchaus tieferen Grund: Man tat damit etwas für seine Gesundheit. Reichlich konsumiert wurden Krautgewächse, unter anderem Broccoli, Rosenkohl, Blumenkohl, Kohl.

Hier noch einige Gesund-Leben-Regeln aus dem Buch der Bücher:

„Dies ist ein ewiges Gesetz, das ihr von Geschlecht zu Geschlecht in allen Wohnsitzen beachten sollt: Fett und Blut dürft ihr auf keinen Fall genießen." (Leviticus 3.17)

Im Buch Leviticus 7.23-24 gibt es noch folgende Anweisung: „Gib den Israeliten folgende Weisung: Ihr dürft keinerlei Fett von Rindern, Schafen und Ziegen essen." Leviticus ist überhaupt eine Fundgrube an Verzehrregeln und -verboten. So heißt es da auch (11.2-3): „Dies sind die Tiere, die ihr essen dürft von allen Vierfüßern auf der Erde: Alles, was unter den Vierfüßern gespaltene und zwar durchgespaltene Klauen hat und wiederkäut, das dürft ihr essen."

Was unter 11.9-12 im Buch Leviticus des weiteren berichtet wird, entspricht exakt modernen ernährungswissenschaftlichen Erkenntnissen über die Tatsache, daß Fische hochwertige und das Herz-Kreislaufsystem schützende Öle enthalten (Omega-Fettsäuren) und damit einem Herzinfarktrisiko vorbeugen können. Wörtlich heißt es: „Folgendes dürft ihr von allem, was im Wasser lebt, essen: Alles, was im Wasser, in den Meeren und den Flüssen Flossen und Schuppen hat. Alles, was keine Flossen und Schuppen hat, sei euch ein Greuel."

In den Psalmen kann man nachlesen: „Entsündige mich mit Ysop, dann werde ich rein." Die Ysop-Pflanze, ein Vertreter der großen Familie der Lippenblütler, wird in der Volksmedizin nach wie vor verwendet. Dabei geht es vor allem um die oberirdischen Teile. Aus ihnen werden durch Wasserdampfdestillation ätherische Öle gewonnen. Verwendet wird der Ysop-Aufguß traditionell zur Kreislaufförderung, bei Verdauungsstörungen, Bronchitis, Husten, aber auch als Gurgelwasser bei Heiserkeit. Früher glaubte man auch bestimmte Formen der Epilepsie mit Ysop in den Griff bekommen zu können.

Nicht umsonst ist dessen wissenschaftlicher Fachname Hysoppus officinalis. Letztgenanntes Wort deutet schon darauf hin, daß es sich um eine von Apothekern verwendete Heilpflanze handelt. Hildegard von Bingen berichtet über diesen Strauch: „Der Ysop ist von so großer Kraft, daß sogar der Fels ihm nicht widerstehen kann, wenn in seiner Ritze Ysop keimt. Ysop ist gekocht wirksamer als roh, getrocknet und pulverisiert nützlicher als frisch."

Bei den alten Ägyptern wurde Ysop als Speisewürze verwendet, aber auch als Heilöl. Solche Rezepte werden heute noch von der Naturheilkunde empfohlen. Beispielsweise in Form von Ysoptee. Ysop in Essig gekocht war früher auch ein viel verwendetes Betäubungsmittel. Man gab es, um Schmerzen zu lindern. In abgelegenen Bergdörfern ist es heute noch manchmal üblich, bei Zahnschmerzen den Mund mit Ysopessig zu spülen.

Ysop diente aber auch, ähnlich dem heute verwendeten Weihwasserwedel, als Besprengungshilfe für sakrale Handlungen. So heißt es etwa im Buch Numeri: „Ein reiner Mann nimmt Ysop, taucht ihn in das Wasser und bespritzt damit das Zelt sowie die Gefäße und die Menschen, die im Zelt sind."

„Das ist Balsam auf meine Wunden" – dieses Sprichwort hat seinen Ursprung ebenfalls in der Bibel. So fragt Jeremias: „Gibt es keinen Balsam in Gilead? Ist dort kein Wundarzt?" An einer anderen Stelle heißt es: „Holt Balsam für seine Wunden. Vielleicht ist es zu heilen."

Balsam war im Altertum ein gesuchtes Heilmittel. Man verwendete dazu das Harz von Bäumen, das man verbrannte, weil man Rauch für heilsam für viele Krankheiten hielt. Auch wurde eine Heilsalbe aus Balsam bereitet. Die Salbe löste man zum Beispiel in Wein auf und goß diesen als Desinfektionsmittel über Wunden.

In späterer Zeit ist es vor allem der sogenannte Perubalsam, der als Heilmittel eingesetzt wird. Dabei handelt es sich um eine zähe braunflüssige Masse, die aus mittelamerikanischen Bäumen gewonnen wird. Die Wirkung dieses Balsams ist nachgewiesenermaßen antibakteriell, antiseptisch und wirkt besonders gut gegen Krätzmilben.

Aloe ist eine weitere Heilpflanze, die vielfältig verwendet wurde, unter anderem auch als Schönheitsmittel. Dazu wurde am häufigsten das frische Mark der dicken, mit einem Stachel endenden Blätter verwendet. Daraus wurde mit Honig vermischt ein Gelee gebildet, das auf Wunden aufgelegt wurde, aber auch als Hautpflegemittel sehr geschätzt war.

Außerdem bildete Aloepulver mit Myrrhe vermischt ein Heilmittel gegen schlecht heilende, eitrige Wunden und Hautverunreinigungen.

Aloesaft und Aloepulver ist heute noch in manchen Abführmitteln und Gallemedikamenten enthalten. Aloe zählt überhaupt seit biblischen Zeiten als die am meisten angewendete Nutz- und Heilpflanze.

Bei Verwendung als Abführmittel wird ein ca. 15 Zentimeter langes Blattstück abgeschnitten, zerstoßen und 20 Minuten lang in eine Tasse Wasser gelegt. Die Flüssigkeit wird abgeseiht und anschließend getrunken.

Äußerlich leistet, wie moderne Pharmakologen feststellten, der Aloesaft ausgezeichnete Dienste bei Verbrennungen, Sonnenstich, Hautausschlägen, hartnäckigen Geschwüren, aber auch bei Hautschäden infolge von Durchliegen (Dekubitus), Windelekzem, Furunkeln und Pilzerkrankungen. Der Saft kann dazu in reichlichen Mengen auf die wunde Stelle aufgetragen werden. Aloesaft (oder -creme) eignet sich auch bestens zur Reduzierung von Narbengewebe. Der Grund dafür ist noch nicht ganz bekannt, doch dürfte zweifellos die Fähigkeit des Aloesaftes dabei mitspielen, daß er der Haut Feuchtigkeit und Zartheit verleiht.

Aloegel ist heute beispielsweise ein in den Vereinigten Staaten ein sehr weit verbreitetes Heilmittel, mit dem jährlich Umsätze von mehr als einer Milliarde Dollar gemacht werden.

Ähnlich vielfältig wie die Aloe kam zur Zeit der Bibel Zedernöl zum Gebrauch. Dieses Öl wurde aus dem Harz der majestätischen Bäume gewonnen. Zedernharz wird übrigens in engem Zusammenhang mit Ysop zur Herstellung von „Reinigungswasser" erwähnt. Der Nachwelt erhalten geblieben ist ein Zedernrezept aus der Zeit Mose.

Damals kannte man bereits das Zedernöl, von dem behauptet wurde, es heile verfaultes und totes Gewebe. Man verwendete das dickflüssige, duftende Öl zum Einbalsamieren der Leichen, nutzte seine Eigenschaften aber genauso als Schmerz- und Heilmittel, beispielsweise zum Einreiben bei Rheumabeschwerden, zur Behandlung eiternder Wunden, und man wendete es verdünnt mit Wein als Mundwasser und bei Zahnschmerzen zur Linderung an.

Außerdem gab man es gerne als Zusatz zum Badewasser. Damit wollte man gleichzeitig zwei Ziele erreichen: beruhigende Wirkung auf Haut und Kreislauf und, durch das Einatmen des Dampfes, heilende und reinigende Wirkung auf die Atemwege.

Das Zedernharz war überdies seit jeher schon ein viel gerühmtes und verwendetes Hautpflegemittel und wurde ganz besonders bei unreiner Haut geschätzt, weil es eine desinfizierende Wirkung ausübt.

Der Arzneimittelschatz vergangener Zeiten bezieht vielfach auch Bäume ein. In den Büchern der Bibel werden besonders hervorgehoben: Akazie, Zypresse, Lorbeerbaum, Tamarinde, Terebinthe.

Im Ägypten der Pharaonen wurde die Akazie bereits als heiliger Baum verehrt. Eine besondere Wundsalbe, die möglicherweise Moses bereits bekannt war, die „ägyptische Salbe", war aus Akazienblüten hergestellt. Diese weiße Paste wurde vor allem gegen rissige, trockene Schleimhäute verwendet. Die Salbe wurde zubereitet, indem man die weißen oder gelben Blüten in Schafsfett kochte und dann die Blüten abseihte.

Moses kannte aber auch noch eine weitere Verwendung von Akazienharz: das „Gummiarabikum", das zwar in erster Linie als Klebstoff Verwendung fand, das man aber auch bei Entzündungen im Mundbereich, bei Bläschen oder Geschwüren auf den Lippen kaute.

Ebenfalls als heiliger Baum galt die Zypresse, deren Holz viele Jahrhunderte lang bis weit über das Mittelalter hinaus verbrannt wurde, um böse Geister oder Krankheiten zu verscheuchen. Zur Stärkung der Körperkräfte wurden nicht nur die Nadeln der Zypresse dem Badewasser zugegeben. Dem gleichen Zweck dienten zerquetschte Zweige und frisch gespaltenes Holz.

Als „Wundermittel" ist Zypressenöl zwischen Nil und Euphrat einst eine sehr gefragte Handelsware gewesen. Das Öl, das aus zerpreßten Nadeln gewonnen wurde, diente zur Linderung von Husten, Atembeschwerden, Tuberkulose. Damit wurden Brust und Rücken eingerieben. Noch heute ist dieses Öl Bestandteil mancher Bronchitis-Medikamente.

Malve, Maulbeerbaum, Pinie, Stecheiche, Wacholder – das sind nur einige der Bäume, auf die wir immer wieder bei unseren Streifzügen durch die Kulturen stoßen. Sei es, daß sie als Arzneistoff- oder Kosmetikalieferanten genutzt wurden, sei es, daß man sie beinahe göttlich verehrte und daher den aus ihnen gewonnenen Arzneistoffen entsprechend „göttliche" Wirkung gegen alle möglichen Leiden nachsagte.

Der Volkskundler und Psychologe Dr. Christian Wölfl bringt die (religiöse und mythische) Bedeutung, die der Baum für den Menschen hat, sehr schön auf den Punkt: „Der Mensch wird in seinen wesentlichsten Lebensstationen vom Baum begleitet: Die Wiege für das neugeborene Kind, das Bett zur Hochzeit und der Sarg für den Toten stammen vom mütterlichen Holz des Baumes."

Eine weitverbreitete Funktion der Bäume war es in grauer Vorzeit aber auch, jene bösen Geister, die die Krankheit angeblich verursacht hatten, aus dem Körper zu entfernen. In vorgeschichtlichen Tagen, stellt dazu Dr. Georg Wilke fest, war dieses Gedankengut weit verbreitet: „Eine Möglichkeit, einen Menschen von einem ihm aufhockenden Krankheitsdämon auf mechanische Weise zu befreien, bildete das Durchkriechen oder Durchziehen durch irgendeine natürliche oder künstlich geschaffene Lücke. Vielfach benützte man dazu beispielsweise Zweige, die zu einer Schlinge zusammengebunden wurden, oder man kroch unter einer aufgehobenen Wurzel durch ..."

Der Gedanke, seine eigene Krankheit auf einen Baum zu übertragen, blühte jedoch keineswegs nur in vorgeschichtlicher Zeit, am „Dämmermorgen" der Menschheit. Dr. Wilke schildert einen Brauch, der in der ersten Hälfte des 20. Jahrhunderts in manchen Regionen noch durchaus üblich war. Als Beispiel wird da „die Gegend von Freiberg in Sachsen" genannt, wo man die Gicht zu vertreiben versucht, indem der Kranke drei Tage hintereinander – und zwar am Gründonnerstag, Karfreitag und Ostersonntag vor Sonnenaufgang – sich gegen eine Fichte oder einen Apfelbaum an einer Stelle, wo er nie wieder hinkommt, verneigt und dreimal spricht, indem er ihn anfaßt: „Guten Morgen, Apfelbaum, hier bring' ich meine Gicht, nimm sie aus meinem Kopf, aus meinem Arm, aus meinem Leib, aus meinem Bein, und laß sie fahren in den grünen Wald hinein." Dr. Wilke fährt fort: „Ja selbst das bloße Verneigen vor dem betreffenden Baume, wie wir es beispielsweise auf einer Gemme aus Mykene dargestellt sehen, genügte, um die Krankheit auf ihn zu übertragen."

Ein Beispiel für Medizinen, die aus Bäumen bzw. deren Teilen zur Zeit der Bibel und weit darüber hinaus gewonnen wurden, ist die Olive. Im Orient sichert der Ölbaum den Lebensunterhalt vieler Menschen. Daher auch sein Name „Lebensbaum". Denn von ihm hängt nicht nur die Existenz ab, aus seinen Früchten werden neben dem Speiseöl auch Weihe- und Heilöle gewonnen. Öl dient darüber hinaus als Auszugsmittel für die unterschiedlichsten Heilkräuter. Mit Olivenöl, das an der schmerzenden Stelle eingerieben wurde, linderte man nicht nur verschiedene Schmerzzustände. Mit ihm wurden auch frische Wunden gepflegt. Nachzulesen in der Geschichte vom barmherzigen Samariter, der „Öl und Wein" auf die Wunden des Mannes goß, der unterwegs von Räubern überfallen und zusammengeschlagen worden war.

Innerlich angewendet beseitigt Olivenöl den alten Rezepten zufolge Magenschmerzen. Dr. Fritz Weiß bemerkt dazu in seinem „Lehrbuch der Phytotherapie": „In ähnlicher Weise schützend für die Magenschleimhaut wirkt das Trinken von einem Eßlöffel Olivenöl, täglich morgens nüchtern."

Prof. Dr. Rudolf Hänsel von der Freien Universität Berlin fügt dem noch hinzu, was sich bei Untersuchungen mit Tieren herausstellte: Jener Stoff , der in den Olivenblättern enthalten ist, wirkt nicht nur blutdrucksteigernd, sondern überdies erweiternd auf die Herzgefäße, hat antiarrhythmische und spasmolytische, also Herzrhythmusstörungen einregulierende und krampflösende Wirkung.

Das aus den Früchten und Kernen gepreßte Öl wirkt darüber hinaus der Arterienverkalkung entgegen und senkt den Gehalt an Blutfetten.

Myrrhe, in einem Atemzug mit Weihrauch genannt, ist ein weiteres Heilmittel, das oft in der Bibel erwähnt wird. Aufgrund ihrer Inhaltsstoffe wurde Myrrhe unter anderem zur Linderung von Entzündungsvorgängen verwendet, aber auch bei unspezifischen Darminfektionen, zur Behandlung von Wunden und Geschwüren sowie als Zugabe zu Mundwässern oder Zahnpasten. Dieses bitter schmeckende, jedoch aromatisch duftende Gummiharz enthält neben ätherischen Ölen diverse Schleimstoffe. Heute findet es aufgrund seiner desinfizierenden Eigenschaften Verwendung für Hautbepinselungen und Mundspülungen bei Entzündungen der Mund- und Rachenhöhle.

Verbrannt wirkt das entströmende Gas beruhigend und gegen Verkrampfungen der Lunge.

Myrrhe, im Altertum eines der wertvollsten, aus fernen Ländern eingeführten Harze, war eines der teuersten Heil- und Räuchermittel. Horrende Preise wurden dafür bezahlt. Die drei Weisen aus dem Morgenland brachten bekanntlich dem Jesukind „Gold, Weihrauch und Myrrhe".

Myrrhe war auch einer der wichtigsten Bestandteile des heiligen Salböls.

Zur Wirkung dieses Salböls trug sicher auch entscheidend das Attribut „heilig" bei. Denn am Anfang jeder Heilung steht der Glaube. Was unter anderem durch den sogenannten „Placebo-Effekt" bewiesen wird. Ein Placebo ist nichts anderes als ein Scheinmedikament, das keinen Wirkstoff enthält und das dennoch in manchen Fällen gleich gut wirkt wie das echte Arzneimittel. Man muß nur an die Wirkung glauben.

So heißt es beispielsweise einmal in der Bibel: „Frau, dein Glaube ist groß, was du willst, soll geschehen." Und bei Matthäus 21,12-22 steht zu lesen: „Alles, was ihr im Gebet erbittet, werdet ihr erhalten, wenn ihr glaubt!"

Fromme Floskeln, um die Gläubigen bei der Stange zu halten und ihr „Gottvertrauen" zu stärken – oder steckt doch mehr dahinter? Wissenschaftler haben sich dieser Frage angenommen und „die Macht des Glaubens" nach allen Regeln der Kunst untersucht.

Was sie herausfanden, ließ aufhorchen und war dem renommierten Magazin „Time" eine Titelgeschichte wert. Wie sich nämlich herausstellte, können Gebet, Glaube und Spiritualität wirklich die körperliche Gesundheit verbessern. Dafür gibt es, wie „Time" berichtete, eine wachsende Zahl an wissenschaftlichen Belegen.

▶ Einer der eindrucksvollsten und besten „Überlebenshelfer" nach Herzoperationen sind Glaube und Beten. Das belegt eine 1995 am Dartmore-Hitchcock-Medical Centre durchgeführte Studie mit 232 am Herzen operierten Patienten. Unter jenen, die aus Glaube und Gebet Kraft „tankten", ereigneten sich dreimal weniger Todesfälle.

▶ Eine Großuntersuchung an 4000 Senioren, die Experten des amerikanischen Nationalen Instituts für das Altern durchführten, belegt: Jene, die einer religiösen Gemeinschaft angehören und ihre Religion aktiv ausüben, weisen nicht nur eine wesentlich geringere Zahl an Depressionserkrankungen auf, sondern sind auch körperlich gesünder.

„Die Seele ist ein weites Land", heißt es bei Arthur Schnitzler, Autor zahlreicher Theaterstücke, Arzt und Kenner der Psyche.

In dieses „weite Land" beginnt nun auch die Wissenschaft verstärkt vorzustoßen. Und findet im großen und ganzen bestätigt, was die Autoren der Bibel vor rund 2000 Jahren zu Papier gebracht haben: Der Glaube kann doch Berge versetzen.

5. Kapitel

Geheimnisvolles Indien

Unermeßlich reiche Maharadschas, heilige Kühe, verhungernde Menschen, prächtig geschmückte Elefanten, Tadsch Mahal, das Grabmal einer großen Liebe – diese Klischees sind heute immer noch mit Indien verbunden. Mit einer faszinierenden, für viele unbegreifbaren Welt der Düfte, der Geheimnisse, des Yoga – auch damit wird Indien in Verbindung gebracht. Eine Welt jedenfalls, zu der der Europäer nur schwer Zugang findet, weil in ihr noch heute jahrhundertealtes Gedankengut, aber auch Heilmethoden, die vor Jahrtausenden geprägt wurden, gang und gäbe sind.

Der Indienkenner Dr. Arturo Castiglioni: „Die indische Geisteshaltung ist von der tief verwurzelten Furcht vor fremden, geheimnisvollen und unbekannten Kräften geprägt.“ Über die indische Medizin sagt dieser Kenner der indischen Mentalität: „Die Heilung durch seelische Behandlung ist ein wesentlicher Bestandteil der indischen Medizin. Wasser und Feuer spielen in der magischen Medizin ebenfalls eine große Rolle.“

Die Ärztin (auch Dr. phil.) Luise Hilgenberg, die sich sehr intensiv mit einer der alten indischen Medizinschriften, dem „Astangahridaya“, auseinandergesetzt hat: „In einer Zeit wie der heutigen, in der so viele Probleme naturwissenschaftlicher wie medizinischer Art im Mittelpunkt der Diskussion stehen, ist es wohl für weite Kreise nicht ohne Reiz, in den Geist und den Erfahrungsschatz einer Heilkunde Einblick zu tun, wie ihn das alte Kulturvolk der Inder sein eigen nennen konnte.“

Auch für die indische Medizin gilt, wie für alle menschlichen Bemühungen, was Goethe in die Worte faßte: „Es irrt der Mensch, so lang er strebt." Manche Fehlinterpretationen der alten Ärzte, manch Mystisch-Religiöses, magisch Verbrämtes sollte aber nicht den Blick auf das Richtige, bis heute Gültige verstellen.

Vor allem sollte man nie aus den Augen lassen, daß praktisch alle „Medizinen" außerhalb der sogenannten „naturwissenschaftlichen Medizin", wie wir sie heute verstehen, von anderen Weltbildern und damit auch von anderen Vorstellungen über Gesundheit und Krankheit und die Ursachen von Erkrankungen ausgehen. Der Blickwinkel ist anders – daher kann es natürlich auch zu anderen Erkenntnissen kommen. Das Ziel jedoch ist das Gleiche, Allgemeingültige, für alle Zeiten gleich Definierte: Kranke von ihren Leiden zu befreien.

Noch ein Merkmal haben alle medizinischen Weltbilder gemeinsam – bis auf das heute gebräuchliche, das diese Zusammenhänge zwar nolens volens anerkennen muß, weil sie wissenschaftlich längst Allgemeingut sind, dennoch dazu tendiert, an ihnen vorbeizublicken –: Der Mensch steht in unlöslicher Beziehung zum gesamten kosmischen Geschehen. Er ist nicht nur Teil der Natur, sondern auch Teil des Kosmos – und damit mit ihm verbunden, verwoben, von ihm beeinflußt und gelenkt.

Im Westen einigermaßen bekannt ist das indische „Wissen vom Leben", das auf indisch „Ayurveda" genannte Gesundheitssystem. Das Medizinlehrbuch eines gewissen Vagbhata hingegen ist, wenn man von einigen Spezialisten absieht, weitgehend unbekannt. Dieses altindische Lehrbuch der Heilkunde wurde wahrscheinlich im 8. Jahrhundert nach Christus niedergeschrieben, beruht aber, wie übrigens die meisten schriftlichen Zeugnisse der alten Medizin, auf sehr viel weiter zurückreichenden Quellen.

Der Wiener Arzt Dr. Walter Mölk, ein erfahrener Ayurveda-Spezialist: „Vor zirka zwei- bis dreitausend Jahren war der Ayurveda in Indien ein hochentwickeltes Medizinsystem mit erstaunlichen Leistungen und Spezialdisziplinen, durchaus vergleichbar mit der modernen Medizin."

So wurde zum Beispiel vor rund 2500 Jahren eine Definition für Gesundheit gebraucht, die ganz ähnlich jener ist, die die Weltgesundheitsorganisation WHO erst vor wenigen Jahren erarbeitete. Nämlich, daß Gesundheit mehr ist als bloß die Abwesenheit von Krankheit, sondern auch das seelische Wohlbefinden einschließt.

Das Ziel des Ayurveda ist es (nach Eigendefinition), „Gesundheit im Gesunden aufrechtzuerhalten und im Kranken die Krankheit zu heilen".

Das vorhin angesprochene, kurz „Ah" genannte Lehrbuch der Medizin (voller Name: „Astangahrdayasamhita") ist in Versform abgefaßt. Es ist nur in wenigen Handschriften erhalten geblieben.

Die wichtigsten Abschnitte beschäftigen sich programmatisch mit folgenden Themen:

Vom rechten Verhalten während des Tages
Vom rechten Verhalten während der Jahreszeiten
Von der Nichtentstehung der Krankheiten
Von der Natur der Speisen
Von der Überwachung der Speisen
Vom mäßigen Essen
Von der Kenntnis der Dosas
Von der Einteilung der Dosas
Von der Behandlung der Dosas

Dosas, so die Lehre des Ajurveda, sind „dynamische Prinzipien, mit denen sich alle Funktionen des Organismus beschreiben lassen" (Mölk).

Außerdem wird ausführlich auf die diversen Heil- und Diätmittel eingegangen:

Von den Gruppen der Reinigungsmittel
Von der Anwendung des Fettes
Von der Anwendung der Schwitzmittel
Von der Methode der Brech- und Purgierkur

Von der Klistiermethode
Von der Methode der Niesemittel
Von der Methode des Inhalierens
Von der Methode der Mundspülung
Von der Methode des Einträufelns und des Salbens.

Ein weiterer Abschnitt beschäftigt sich mit den damals angewendeten Heilmethoden, und die einzelnen Kapitel tragen unter anderem folgende Überschriften: Von der Heilmethode des Fiebers, von der Heilmethode des Hustens, von der Heilmethode der Atembeschwerden, von der Heilmethode für Erbrechen, Herzkrankheit und krankhaften Durst.

Krankheit wird in allen Fällen als eine Störung des Gleichgewichts der Dosas, der dynamischen Prinzipien gesehen. Davon gibt es drei: Wind, Galle und Schleim. Bei Gesundheit stehen die drei im Gleichgewicht.

Krankheiten werden in zwei Gruppen geteilt: Jene, die aus den Dosas entstehen, und jene, welche von außen kommen.

Um die Therapie entwickeln zu können, mußte der Arzt aber durch Sehen, Berühren und Fragen seine Diagnose erstellen.

Einsicht, Ruhe, Selbsterkenntnis wurden beispielsweise als die vorzüglichsten Heilmittel für die Erkrankungen des Geistes angesehen.

Es galt darüber hinaus ganz allgemeine Regeln des Lebensstils zu befolgen. Wie etwa diese: „Um sein Leben zu schützen, stehe der Gesunde eine Stunde vor Sonnenaufgang auf."

Die altindischen Diätvorschriften sind recht detailliert. Unter anderem heißt es da: Halmfrüchte wie Kolbenhirse, Hirse, wilder Reis wirken kühlend und leicht, erregen den Wind, beseitigen Schleim und Galle. Gerste ist trocken, schwer, kühl, süß, verflüssigend und schafft Stuhl und Wind. Gerste erzeugt auch Kraft und vermag Harn, Fett, Galle, Schleim, Schnupfen, Atembeschwerden, Husten, Schenkellähmung, Krankheiten des Halses und der Haut zu überwinden.

Weizen stärkt die Potenz, ist kühlend, schwer, fetthaltig und belebend, beseitigt Wind und Galle. Bei Knochenbruch wirkt er heilend, ist süß, gibt Kraft und ist verflüssigend.

Hülsenfrüchte wie Bohnen, Linsen und andere rufen Verstopfung hervor. Sie sind süß, zusammenziehend, wirken scharf in der Verdauung, sind kühl und leicht. Bei Fett, Schleim und „Blutgalle" sind sie heilsam. Ebenso als Pflaster (Breiumschlag) und als Begießung (mit erwärmten Arzneistoffen).

Die beste unter ihnen ist Phaseolus mungo (eine in Indien wachsende Bohnensorte), da sie nur in geringen Mengen den Wind erregt.

Die Erbse fördert dagegen den Wind in hohem Grade.

Sesam ist erhitzend, Haut und Haar zuträglich, kühl bei der Berührung, kräftigend und schwer, er erzeugt wenig Harn, ist scharf bei der Verdauung und bewirkt Verstand, Schleim und Galle.

Flachs ist fetthaltig, süß, scharf, erhitzend und schwer, erzeugt Schleim und Galle, raubt Gesicht und Samen und ist scharf bei der Verdauung.

Reisschleim, Reiswasser, Reissuppe und Reisbrei sind leicht in umgekehrter Folge. Unter ihnen ist Reisschleim heilsam, er normalisiert den Wind, beseitigt Durst und Ermattung, bringt die Dosas ins Gleichgewicht, macht die Kanäle geschmeidig, erzeugt Schweiß und facht die Verdauung an.

Reiswasser beseitigt Ermattung durch Hunger und Durst, Schwäche, Krankheiten des Unterleibs und Fieber, normalisiert die Dosas, ist bekömmlich, regt die Verdauung an und fördert sie.

Reissuppe wirkt adstringierend, sie ist dem Herzen bekömmlich, beseitigt den Durst, regt die Verdauung an und ist heilsam für Wunden, für Augenkranke und Schwache.

Reisbrei, der gut gereinigt und feucht ist, der geschwitzt und seine Hitze noch nicht verloren hat, ist leicht, desgleichen der mit einer Abkochung von verdauungsanregenden Kräutern zubereitete, ebenso jener, der geröstete Reiskörner enthält.

Umgekehrt ist Reisbrei schwer, wenn er mit Milch, Fleisch und dergleichen zubereitet ist.

Die indische Heilkunde beschreibt auch die Eigenschaften folgender Gerichte:

Brühe aus Fleisch stärkt, erquickt, ist gut für Potenz und Augen und heilt Wunden. Die aus Bohnen bereitete Brühe ist für die bekömmlich, die an Wunden oder Krankheiten des Halses oder der Augen leiden.

Ein Gericht aus Sesam und Ölkuchen, trockenes Gemüse, angekeimtes Korn erregt die Dosas, zerstört das Gesicht, wirkt ermattend und ist schwer.

Gekäste Milch mit Rohrzucker und Gewürz nährt, stärkt Potenz und Kraft, ist fett und gibt Appetit.

Kuchen aus Reis oder Erbsenmehl nimmt Müdigkeit, Hunger, Durst und Mattigkeit, erquickt, ist schwer, verstopft, gibt Harn, bekommt dem Herzen.

Geröstete Reiskörner beseitigen Durst, Erbrechen, Durchfall, Harnkrankheiten, Fett und Schleim. Sie beruhigen Husten und Galle, regen die Verdauung an und wirken schwer und kühlend.

Grützen sind leicht, beseitigen Hunger, Durst, Müdigkeit, Erkrankungen des Auges und Wunden. Sie sind sättigend, und als Trank verleihen sie Kraft unmittelbar nach dem Trinken. Grützen esse man ohne einen Trunk Wasser zwischendurch, nicht zweimal, nicht in der Nacht noch als einziges Nahrungsmittel, nicht nachdem man bereits andere Speisen genossen oder mit den Zähnen zerteilt hat noch in größeren Mengen.

Zu den Fleischsorten verzeichnet die indische Gesundheitsküche:

Rindfleisch wirkt gegen trockenen Husten, Müdigkeit, übermäßige Verdauung, Fieber und Schnupfen, Abmagerung und einfachen Rheumatismus.

Schweinefleisch ist erhitzend, es nimmt Müdigkeit und verleiht Appetit, Samen und Kraft.

Die „drei scharfen Substanzen“ Ingwer, schwarzer und langer Pfeffer überwinden Dickleibigkeit, Verdauungsschwäche, Atembeschwerden, Husten und Schnupfen.

Die wichtigste Regel der Medizin Alt-Indiens, die auch heute noch landauf, landab von Vorsorgemedizinern gepredigt wird, lautet: „Alle Zeit esse man mit Maß, denn Mäßigkeit ist die Förderin des Verdauungsfeuers."

Auch die Substanzen bedingen das Maß, sowohl die schweren wie auch die leichten. Als Norm für das Maß wird für die schweren die halbe Sättigung vorgeschrieben, für die leichten keine Übersättigung, damit man leicht verdaut.

Als Überessen wird definiert Essen von Speisen auf Gegessenes (bevor die ersten Speisen verdaut sind).

Regelmäßig genieße man Reis, Weizen, Gerste, Fleisch von Dschungeltieren, Trauben, Gurken, Bohnen, Schmelzbutter (Ghee), Regenwasser, Milch, Honig, Granatäpfel und Steinsalz.

Die hier erwähnte Schmelzbutter, im Indischen Ghee genannt, bildet in diesem Riesenland ein Grundnahrungsmittel und ist überall erhältlich. Ghee wird auch in Schulen von den Kindern reichlich konsumiert. Oft wird Ghee mit Reis vermischt und zu Bällchen gedreht. Ins Opferfeuer geworfen, bildet Ghee aber auch die übliche Spende für die Götter.

Eine weitere altindische Grundregel, die nach wie vor überaus aktuell klingt: „Mit Speisen fülle man zwei Teile des Magens, mit Getränk einen Teil, und den vierten lasse man frei."

Kaltes Wasser, wird des weiteren berichtet, ist zum Nachtrinken heilsam. Der Nachtrunk bewirke Kraft, Sättigung, Durchgängigkeit, Festigkeit des Körpers, Lockerung von im Magen zusammengeballten Speisen sowie die Durchfeuchtung und fördere die Verdauung.

Am Morgen sollte man den Tag mit Zahn- und Mundpflege beginnen und auch nach den Mahlzeiten den Mundraum ausspülen. Eines der dafür in indischen Medizinlehrbüchern empfohlenen Mittel ist folgendes:

Gurgelwasser, das je nach Bedarf mit Pasten versetzt oder verkocht wird.

Sind die Zähne stumpf oder lose, und herrscht eine Mundkrankheit vor, so wird lauwarmes oder kaltes Wasser mit Sesampaste angeraten.

Das Zurückhalten von Honigmundwasser im Mund bewirkt Reinheit des Mundes, heilt dessen Wunden und löscht Brand und Durst.

Saurer Reisschleim beseitigt, so wird berichtet, schlechten Geschmack, Ausscheidung und üblen Geruch des Mundes.

Gegen Fieber ist nach indischer Medizin Fasten angesagt. Wichtiger zusätzlicher Hinweis: Stets beobachte man den durch das Fieber in einen krankhaften Zustand geratenen Stuhlgang. Denn selbst nach seiner Verdauung ruft der Stuhl, der im Leibe seine Stätte hat, krankhafte Zustände hervor, oder er führt zu Verstopfung.

Bei einem durch Fieber Abgezehrten sind Erbrechen und Purgierung (Abführen) nicht zu empfehlen. Doch ziehe man nach Belieben mit Milch oder Klistier (Einlauf) seine Ausscheidungen heraus.

Gegen Husten wird empfohlen: Einen Husten, der durch Wind allein hervorgerufen worden ist, behandle man zunächst mit fetthaltigem Reisschleim, Suppen, Fleischbrühen und dergleichen, ferner mit Leck-, Räucher-, Salb- und Schwitzmitteln, Übergießungen und Bädern. Mit Klistieren, wenn bei dem Kranken Kot und Wind gehemmt sind, doch mit Schmelzbutter (Ghee) und Milcharten unmittelbar nach dem Essen. Wenn der Husten von Galle begleitet ist und von Schleim, überwinde man ihn mit öligen Purgiermitteln.

Leidet man an Husten und Schnupfen, inhaliere man ein aus Fett bestehendes Räuchermittel. Oder man lasse den Kranken Reis, Gerste, Weizen mit Fleischbrühen von Haus-, Sumpf- und Wassertieren oder mit Brühen von Bohnen genießen.

Bei Ohrenkrankheiten: Hat das Stechen im Ohr in Wind seinen Ursprung, trinke man, nachdem man mit Fleischbrühe Nahrung zu sich genommen hat, in der Nacht Schmelzbutter, die mit Wind beseitigenden Drogen zubereitet worden ist.

Das Wort Wind bezeichnet in der indischen Heilkunde den Atem (Prana). „Auf dem Atem beruht das Zukünftige wie das Gegenwärtige, auf dem Atem beruht alles.“ Wind wird als allgemeiner Beweger des kosmischen wie des individuellen Lebens gesehen. Er ist „König des ganzen Universums“, „Freund des Wassers“ und „Hüter der Ordnung“.

Welchen Stellenwert für den Inder – auch heute noch – das Wasser hat, belegt schon das Zitat „Im Wasser sind alle Heilmittel“, das aus dem Rigweda stammt, dem ältesten Teil der insgesamt als „Weda“ bezeichneten heiligen Schriften der Inder. Dieser Spruch gilt auch noch in unseren Tagen – man denke nur an die Hunderttausende von Indern, die sich noch immer in den heiligen Fluten des (völlig verschmutzten und von Krankheitskeimen strotzenden) Ganges rituellen Waschungen unterziehen.

In den ältesten Teilen der Weden lesen wir auch von Götter-Ärzten. Einer davon ist Rudra genannt. Er galt als Wunderheiler. Ein Hymnus an ihn ist uns erhalten: „Dank deiner heilkräftigen Medikamente, o Rudra, möge ich einhundert Winter erleben! Vertreibe die Feindseligkeit, vertreibe die Trübsal, vertreibe auf immer alle Krankheiten... Gib uns Menschen mit deinen Heilmitteln die Gesundheit, ich weiß, daß du der Arzt aller Ärzte bist.“

In den Weden sind aber auch viele Beschwörungsformeln erhalten, die mithelfen sollten, Krankheiten zu heilen.

Die in der altindischen Medizin angewendeten Medikamente sind zum größten Teil aus Pflanzen bzw. aus deren Extrakten zusammengesetzt. 400 Phytotherapeutika, also Heilmittel pflanzlicher Herkunft, werden in der einschlägigen Literatur erwähnt und in 50 Kategorien eingeteilt. Unter anderem in lebensverlängernde, auf- und abbauende Pflanzen, abführende, appetitanregende, stimulierende, wurmabtreibende, antitoxische, milchanregende, weichmachende, schweißtreibende, durstlöschende, Schluckauf und Husten beruhigende.

Nicht nur die Einteilung nach Wirkung klingt bereits sehr modern. Auch der Hinweis, daß die Wirkkraft des Arzneistoffes sehr eng gekoppelt ist mit dem Erntezeitpunkt und dem Bodenzustand, ist geradezu revolutionär. Man bedenke schließlich, daß die Analyse von Pflanzenstoffen heute fast ausschließlich im Labor stattfindet, die Erstellung einer chemischen Formel über die „Wirkung" den Analytikern die entscheidende Aussage liefert. Boden, Klima, Umwelt sind dabei Faktoren, die kaum mehr Beachtung finden. Es soll auch schon vorgekommen sein, daß ein Chemiker, der jahrzehntelang einen Pflanzeninhaltsstoff in der Retorte nach allen Regeln der Kunst untersuchte, die Pflanze, aus der dieser gewonnen wurde, nie zu Gesicht bekam.

Medikamente wurden zur Zeit der klassischen indischen Medizin als Puder, Saft, Paste, Aufguß, Infusion, Extrakt, Pillen, Einreibmittel und dergleichen hergestellt und verabreicht. Als Lösungsmittel wurden Wasser, Milch, Öl, Honig oder zerlassene Butter (hier handelt es sich wieder um das „Universalmittel" Ghee) verwendet.

Schriften des Medizin-Autors Scharaka führen mehr als 2000 Drogen an (unter Droge wird ganz allgemein ein Arzneimittel verstanden; die Verwendung dieses Wortes in der Phytotherapie hat nichts mit der landläufigen Bedeutung des Wortes Droge zu tun), darunter Sandelholz, Zimt, Kardamom, Ferula (Asa foetida), ein Doldenblütler aus der Familie der Kümmelgewächse, Ingwer, Pfeffer, Eisenhut, Lakritze.

Diese medizinische Pflanzenkunde beschränkt sich nicht nur auf die Beschreibung der einzelnen Arten, sondern beschreibt auch die Substanzen und deren Eigenschaften, erklärt ihre Wirkung, gibt Mengen- und Dosierungshinweise und nennt Zusatzstoffe, mit denen man die Medikamente farblich, geschmacklich, geruchlich und stofflich angenehmer gestalten kann.

Patrice Boussel, Bibliothekar an der Bibliothek der Stadt Paris und Erforscher der Pharmaziegeschichte, betont: „Die Bedeutung der indischen Medizinwissenschaft ist absolut mit derjenigen der Griechen zu vergleichen. Sie wurde in Tibet, in Zentralasien, Indochina und einigen chinesischen und japanischen Gebieten übernommen, während die griechische in den christlichen und islamischen Bereich ausstrahlte. Mit Ausnahme des großen chinesischen Bereichs, der aber immer wieder von Indien Anregungen empfing, haben die griechische und die klassische indische Medizin die ganze damalige Welt beeinflußt – und zwar bis zum wissenschaftlichen Aufschwung der Neuzeit."

Die ältesten Schriften der indischen Medizin gehen auf die Ärzte Charaka, Susruta und Vaghgata zurück.

Am Anfang spielte in der Therapie die Magie eine ebenso große Rolle wie im frühen Ägypten oder auch in China. Doch schon bald wurde aus dem einstigen Magier, der durch Dämonenbannungsformeln versuchte, Krankheiten zu heilen, die krankmachenden bösen Dämonen im Körper zu vernichten oder sie aus diesem auszutreiben, ein echter Praktiker und Wissenschaftler. In einer Schrift, die Susruta zugeschrieben wird (über seine Lebensdaten sind sich die Forscher völlig uneins), ist zu lesen: „Arzt, Patient, Heilmittel und Krankenpfleger sind die vier Säulen der Medizin, auf denen die Heilung beruht. Wenn drei dieser Säulen so sind, wie sie sein sollen, wird die Heilung mit der vierten, des Arztes, komplett sein, und er wird in kurzer Zeit sogar schwere Erkrankungen heilen."

Im gleichen Text wird weiters ausgeführt: „Damit ein Heilmittel als wahrer Pfeiler der Medizin betrachtet werden kann, muß es aus Pflanzen bestehen, die auf vorzüglichem Boden wachsen und an einem günstigen Tag gepflückt werden. Dazu muß das Heilmittel zu geeigneter Zeit und richtig dosiert verabreicht werden."

Die indische Phytotherapie umfaßt ein reiches Spektrum an Arzneipflanzen. Eine Legende berichtet von dem Arzt Shivaka, der sein Handwerk von seinem Kollegen Pingala erlernte. Nach sieben Jahren Ausbildung fragte der Schüler den Meister, ob seine Kenntnisse nun umfassend seien. Pingala antwortete nicht direkt darauf, sondern stellte auch eine Frage. Er bat den Schüler, alle Pflanzen aufzuzählen, die in der Region wüchsen und keine medizinische Bedeutung hätten. Shivaka konnte keine einzige Pflanze ohne Heilkraft nennen. Daraufhin sagte der Meister zu ihm: „Geh, du bist im Besitz der gesamten medizinischen Kenntnisse."

Unter den am meisten verwendeten Pflanzen befanden sich Knoblauch, Wolfsmilchgewächse, Pfeffer, Ingwer, Belafrüchte (ein Mittel gegen die Ruhr), Rizinus (Abführmittel und Desinfektion bei Lepra), Lycium barbarum (eine Pflanze, die Tropin enthält und die noch heute in Indien zur Bekämpfung von Augenkrankheiten verwendet wird), Tamarindenmus (Abführmittel), Hanf, Kardamom, Eisenhut und einiges mehr.

Und was sagt die moderne Pflanzenheilkunde dazu?

Zum Knoblauch: Wie Prof. Dr. Fritz Weiß in seinem „Lehrbuch der Phytotherapie" berichtet, „ist er als Mittel gegen Arterienverkalkung und als Mittel gegen Altersleiden (Geriatrikum) bekannt". Des weiteren schildert der Experte: „Diese uralte Heilpflanze hat sich bis heute gehalten und wird in großen Mengen gebraucht. Der erste Hinweis auf Knoblauch als Heilpflanze stammt bereits aus der Steinzeit."

Aus den Jahren um 3000 vor Christus ist dieses natürliche Heilmittel in Keilschrift verewigt. Um 1600 vor Christus streikten ägyptische Arbeiter beim Bau der Pyramiden, weil sie nicht genug Knoblauch und Zwiebeln erhielten.

Die Wirkung der Knoblauchinhaltsstoffe auf den Darm ergibt ein breites Anwendungsgebiet bei infektiösen Darmerkrankungen. Nach der Resorption durch den Darm ist die Wirkung des Knoblauchs hingegen eine andere: Hier beeinflussen vor allem die in ihm enthaltenen stark riechenden ätherischen Öle die Funktionen der Blutgefäße und die Funktion des Blutes. Man könnte allein über diese Pflanze und ihre Anwendung im Laufe der historischen Epochen ein ganzes Buch schreiben – der hier vorhandene Platz läßt nur Streiflichter zu.

Zur Wolfsmilch sagt Prof. Weiß: „Für die Behandlung chronischer

Ekzeme verwenden wir lieber Pflanzensäfte, vor allem einen Frischsaft oder Abkochungen aus dem Petersilienkraut oder der Petersilienwurzel. Auch Pinselungen mit frischem Wolfsmilchsaft kommen hier in Betracht."

Pfeffer regt den Speichelfluß, die Magensaftsekretion an.

Ingwer gilt heute noch als bestes pflanzliches Mittel gegen die Reisekrankheit und wird von Fischern gerne gekaut, um Irritationen durch den schwankenden Schiffsboden vorzubeugen.

Zur Tamarinde sagt Dr. Rudolf Hänsel von der Freien Universität Berlin: „Die Fruchtwand der Tamarinde ist musartig ausgebildet und schmeckt säuerlich. Tamarindenmus wird gegen Stuhlverstopfung eingesetzt."

Und Prof. Weiß zum Eisenhut: „Für echte Neuralgien im Gesicht haben wir damit ein heute noch berechtigtes Arzneimittel." Allerdings muß dabei sehr sorgfältig dosiert werden, denn der Eisenhut ist eine sehr giftige Pflanze.

Der weise Inder Shankara schreibt in seinem Buch „Das Kleinod der Unterscheidung" folgende Worte, welche ebenso wie vieles andere aus der indischen Medizin, das vor vielen Jahrhunderten niedergelegt wurde, überaus modern klingen: „Der Kranke, der Arzneien nimmt und Diätvorschriften befolgt, erlangt seine Gesundheit – nicht aber durch die Anstrengung anderer." Und weiter: „Krankheit wird nicht durch das Wort Medizin geheilt. Du mußt die Medizin nehmen. Das Wort ist dann nicht mehr als ein Geräusch. Wenn man nicht die Feinde zerstreut und sich des Glanzes und Reichtums des Königreiches bemächtigt hat, kann man nicht König sein, nur weil man behauptet: Ich bin König." (Das Wort „König" ist hier sinngemäß durch „Gesundheit" zu ersetzen.)

In besonderem Maße in die Medizingeschichte ist eine Pflanze eingegangen, die den Namen Rauwolfia trägt. Aus diesem Strauch wird nämlich nicht nur ein Mittel gegen Bluthochdruck gewonnen. Die Inhaltsstoffe dieses Gewächses werden seit Jahrtausenden angewendet, um Schlangenbisse, Skorpionstiche und manche Formen der Geisteskrankheit zu behandeln. Ehe die Rauwolfia-Inhaltsstoffe als blutdrucksenkend erkannt wurden, hat man sie auch in der modernen, wissenschaftlichen Medizin als Medikament bei bestimmten Geisteserkrankungen eingesetzt.

Von dieser Pflanze kennt man zwei Arten: die Rauwolfia serpentina, deren Inhaltsstoffe (Alkaloide) zwecks Beruhigung und Senkung des Blutdrucks zum Zug kommen, und die Rauwolfia vomitoria, früher als Brech-, Reinigungs-, Fieber- und Beruhigungsmittel bei Geisteskrankheiten gegeben, die aber heute kaum mehr in diesen Indikationen angewendet wird. Doch greift man bei einer Reihe von Präparaten auf die wertvolle „Hilfe" dieser Pflanze zurück und nützt ihre Wirkstoffe als Beimischung. Überdies haben wissenschaftliche Untersuchungen ans Tageslicht gebracht: Jener Kopfschmerz, an dem vor allem Bluthochdruck-Kranke leiden, läßt sich zum größten Teil damit beseitigen.

Eine entscheidende Technik der Gesunderhaltung war und ist in Indien der Yoga. Patanjali, ein Weiser, von dem man kaum mehr als den Namen kennt und dessen Lebenszeit nur sehr vage zwischen dem 2. vorchristlichen und dem 4. nachchristlichen Jahrhundert angegeben werden kann, beschreibt als einer der ersten „die Wurzeln des Yoga". Und gleich im zweiten Satz seines Buches heißt es: „Yoga ist jener innere Zustand, in dem die seelisch-geistigen Vorgänge zur Ruhe kommen." Das ist zweifellos bereits eine sehr weitgehend und schwierig zu erfüllende Grundforderung, ohne die, wie wir heute sagen würden, „nichts läuft".

Um sich dem Yoga nähern zu können, bedarf es aber des Wissens um die fünffachen seelisch-geistigen Vorgänge, die, wie es Patanjali ausdrückt, „entweder leidvoll oder lustvoll sind. Und zwar gültiges Wissen, Irrtum, Vorstellung, Schlafbewußtsein und Erinnerung".

Das Zur-Ruhe-Kommen der seelisch-geistigen Vorgänge erreicht man jedoch nur durch Übung und „Loslösung". Nämlich durch stetes, zielstrebiges Üben und keinesfalls durch den Besuch eines der so beliebten und für unsere schnellebige Zeit überaus typischen Wochenend-Seminare in einer Art „Schnellsiederkurs“. Mit den Worten Patanjalis ausgedrückt: „Wenn die Übung eine lange Zeit ununterbrochen und mit einer Haltung der Hingabe vollzogen wird, bereitet sie eine feste Grundlage.“ Und weiter: „Das Nicht-Begehren nach allen gesehenen und gehörten Gegenständen ist die Loslösung, die auch Selbstbeherrschung genannt wird.“

Einige weitere Kernsätze aus den „Wurzeln des Yoga“:

„Eine andere Art der Versenkung entsteht als Ergebnis der Übung, die zur Erfahrung des Stillstandes führt, wobei nur der Rest der vergangenen physischen Eindrücke bleibt. Den intensiv Strebenden ist die Versenkung nahe.“

Oder: „Durch Hingabe an Gott kommen die seelisch-geistigen Vorgänge zur Ruhe. Der ihn offenbarende Name ist OM. Das stete, aufmerksame Murmeln dieses OM-Lautes ist die innere Vergegenwärtigung seines Sinns.“

Für das Nichterreichen des Zieles gibt Patanjali übrigens neun Hindernisse an, die da sind: Krankheit, Starrheit, Zweifel, Nachlässigkeit, Faulheit, Gier, falsche Anschauung, das Nicht-Erreichen des Grundes des Yoga und das Nicht-Ausharren, wenn man ihn einmal berührt hat. Kurzum: Ein zerstreuter Geist kann nicht an die Wurzeln des Yoga gelangen. Als Begleiterscheinungen eines solchen zerstreuten Geistes werden genannt: Leiden, Gemütsstörung, Körperschwäche, unnatürliches Ein- und Ausatmen.

So führt beispielsweise die Meditation mit Hilfe des Ausstoßens und Anhaltens des Atems zur Ruhe des Geistes. Meditieren kann man aber auch, um die Ruhe und Festigkeit des Geistes zu erreichen, über einen Zustand der Leidlosigkeit, einen Geisteszustand, der frei ist von der Begierde, oder über die Erfahrung, die im Schlaf oder im Traum gewonnen wurde.

Das sind also einige der Voraussetzungen, um überhaupt in den Zustand der Ruhe zu gelangen, ehe man meditieren kann.

Zweck dieser Anleitung, an die „Wurzeln des Yoga“ zu gelangen, ist es, selbst den Weg dahin zu finden. Durch Suchen und Erlangen der Ruhe, durch Meditation. Der Endpunkt des Yoga ist es, ein glückliches und erfülltes Leben in Gesundheit und Zufriedenheit zu führen. Körperliche und geistige Übungen sollen dazu verhelfen, die geistige, aber auch die physische Stärke und Beweglichkeit zu gewinnen, um in die innere Ruhe zu gelangen.

Für den indischen Arzt waren zur Behandlung der verschiedenen Krankheiten die sechs Geschmacksarten, rasra genannt, von entscheidender Bedeutung. Und zwar:

► Süß (madhu): Macht den Mund klebrig, vermehrt Blut und Schleim, stillt Hunger und Durst, erfreut und belebt, einseitig verwendet macht es aber krank.

Zu dieser Geschmacksart gehören nach Ansicht der ayurvedischen Medizin unter anderem: Schmelzbutter, Gold, Melasse, Walnuß, Kokosnuß, indischer Spargel, Süßholz, Milch, Zuckerrohr und Trauben.

► Sauer (amla): Macht die Zähne empfindlich, sorgt für Speichelfluß, regt den Appetit an und fördert die Verdauung. Bei einem Übermaß an „sauer" soll es zu Eiterungen kommen, schlecht heilenden Wunden, Brennen in der Brust.

Zu dieser Geschmacksart werden unter anderem gezählt: Tamarinde, Limett-Cedratbaum, eine Zitrusart, die den wissenschaftlichen „sprechenden" Namen Citrus medica erhalten hat, eine in Indien vorkommende Ampferart, Granatapfel, Silber, verdünnte Buttermilch, saurer Reisschleim sowie die Feronia elephantum genannte Pflanze, der Elefantenapfel.

► Salzig (lavana): Reinigt, fördert die Verdauung, bei Übermaß bzw. einseitigem Gebrauch Speichelfluß, Geschwülste, Jucken und verschiedene andere Leiden.

Dazu gehören unter anderem: gutes Steinsalz, Seesalz, Steppensalz und Ätzkalk.

► Scharf (katu): Wirkt appetit- und verdauungsanregend, abmagernd, bei übermäßiger (will heißen einseitiger) Verwendung entstehen Nervenschmerzen in Händen und Füßen. Scharfes läßt die Nase rinnen.

Dazu gehören u.a. die Haarblume, eine bestimmte Feigenart, das weiße, wohlriechende Sandelholz, eine harzhaltige Pflanze namens Tabernae montana, die lange Kurkumawurzel (Gelbwurz), Messing, Eisen, einige Arten von Nachtschattengewächsen und der Kalmus.

▶ Bitter (titka): Wirkt ebenfalls appetit- und verdauungsanregend, entfernt den Schleim aus der Mundhöhle. Bei einseitigem Gebrauch entstehen Kopfschmerzen, Wallungen.

Unter anderem gehören dazu: Verschiedene Pfefferarten, die ceylonische Bleiwurz, die gerne als Antiseptikum verwendet wurde, Zimtwurzel, Galle und Harn.

▶ Herb (kasaya): Dieser Begriff steht im Indischen auch für „zusammenziehend“, Herbes heilt Wunden, reinigt sie. Einseitige Verwendung löst Krämpfe aus, verengt die Kehle und drückt das Herz ab.

U.a. gehören dazu: Perlen, Korallen, Antimon, Rötel, der schon bei der Geschmacksrichtung „sauer“ angeführte Elefantenapfel (unreif wirkt er wegen seines hohen Gerbstoffgehalts zusammenziehend). Seine Rinde wird mit Wasser verrieben und gegen den Biß von Taranteln und Geckos empfohlen. Wirkt aber auch galletreibend und als Mittel gegen Zuckerkrankheit. Zu guter Letzt wird in der Geschmacksrichtung „herb“ auch noch die Lotoswurzel genannt.

Überdies wird in einigen alten Schriften noch der Begriff des „unentfalteten Geschmacks“ gebraucht, der dem reinen Wasser eigen sein soll.

Diesen Geschmackseigenschaften sind Heilmittel zugeordnet, die wiederum auf die einzelnen Konstitutionstypen und Krankheitsarten abgestimmt sind. Beispielsweise: Die Galle (Pitta genannt) ist sauer, daher ist für Gallenleiden und überhaupt für Krankheiten, bei denen die Galle mitbeteiligt ist, die entgegengesetzte Kategorie „süß“ ein Heilmittel. Der Spezialist für indische Medizin, Dr. Heinrich Wallnöfer, bemerkt dazu lapidar: „Uns fällt auf, daß wir auch heute bei Leberleiden ‚Süßes‘, vor allem Fruchtzucker, verordnen.“

Die altindischen Ärzte verfügten über ein reichhaltiges Arsenal an medizinischen Instrumenten, doch gingen sie in vielen Fällen eher bedächtig damit um. So ging bei Drüsenschwellungen, wie Dr. Wallnöfer feststellt, „der erfahrene Arzt nicht gleich mit dem Messer vor". Als erstes wurden allgemeinmedizinische Maßnahmen gesetzt, etwa eine Diät verordnet. Ziel war es, den Körper zu stärken, denn, so der berühmte indische Arzt Susruta, „körperliche Widerstandskraft verhindert das Weiterschreiten einer Eiterung". Daher müsse der Arzt penibel darauf achten, daß der Patient kräftig bleibt.

Entscheidend für die Weiterbehandlung ist der Charakter der Krankheit (das trifft natürlich nicht nur auf die Drüsenerkrankungen, von denen im weiteren die Rede ist, zu, sondern auf alle Krankheiten), ob sie windbedingt, gallenbedingt oder schleimbedingt ist.

Erst später, wenn alle „konservative" Vorgangsweise nicht hilft, wird zum Messer gegriffen. Geöffnet soll eine Geschwulst möglichst nicht im entzündeten Stadium werden, und die Wunde soll dann ausgebrannt oder mit Alkali behandelt werden.

Heilmittel sind von den indischen Ärzten aus allen drei Reichen, von Pflanzen, Tieren und Mineralien gewonnen worden.

Prof. Richard Garbe, Universität Königsberg, der sich mit indischen Mineralien und deren Anwendung in der Medizin beschäftigte – das Buch, das er darüber geschrieben hat, erschien 1882 –, meint etwas spöttisch über die Ansicht indischer Mediziner zur Heilkraft von Mineralien: „Jeder Stoff muß (bei ihnen, Erg.) warm oder kalt sein. Da nun nur bei den Edelsteinen, welche sich wirklich mehr oder weniger kalt anfühlen, eine tatsächliche Beobachtung zugrundeliegt, haben wir es hier im allgemeinen mit imaginären Eigenschaften zu tun. Aber die ‚schrulligen' Inder sind nicht die einzigen, welche einem solchen Gedanken verfielen, vielmehr ist derselbe bei uns neuerdings wieder mehrfach aufgeatucht, z. B. in der Od-Lehre des Herrn v. Reichenbach, nach welcher die verschiedenen Stoffe entweder Kühle oder Lauheit ausströmen."

Genau in dieser Einstellung liegt – zum Teil bis heute – das Grundübel jeder Auseinandersetzung mit dem Heilwesen einer anderen Kultur begründet: Man sieht alles durch seine eigene – wissenschaftliche – Brille. Abgesehen davon, daß die Heilkraft der Mineralien, speziell der Edelsteine, uraltes Wissen beinhaltet und schon lange vor der Niederschrift der indischen Medizinlehre gängige Kenntnis war, wird durch solcherlei Behauptungen das gesamte medizinische System längst zu Staub zerfallener Kulturen als „primitiv" angesprochen.

Und das, obwohl hinlänglich Gegenbeweise in Form von schriftlichen Quellen auf dem Tisch liegen.

Aber seit es denkende Menschen gibt, scheint der entscheidende Hemmschuh an jeglichem Fortschritt zuerst einmal an dem Motto zu liegen, daß nicht sein kann, was nicht sein darf. Da das, was vor der eigenen Zeit liegt, „natürlich" nicht den Standard der eigenen Ära haben „darf", muß es „primitiv" sein.

Ein besonders eindrucksvolles und überaus bezeichnendes Beispiel dafür liefert der großformatige und reich illustrierte Bildband „Die Geschichte der Pharmazie in Kunst und Kultur". Darin wird sozusagen als Illustration zum Kapitel „Die primitiven Kulturen" zusätzlich zu einem kleinen Bild einer neolithischen Grabstätte großflächig über die ganze Seitenhöhe gehend das Foto eines nordamerikanischen Indianers gebracht.

Welchen Standard die indianische Medizin wirklich hatte, und daß selbst weiße Doktoren auf sie zurückgriffen und sie als effektiv propagierten, darüber wird ein eigenes Kapitel ausführlich berichten.

Zurück zu den Indern. Aufgeführt sind bei den Mineralanwendungen der indischen Medizin Gold, Kupfer, Zinn, Blei, Gelb- und Rotmessing, Weißmessing, Magneteisen, Eisen und Stahl. Es werden noch erwähnt: roter Arsenik, Mennig, rotes Bleioxyd, Kalk der Schneckenschale, Zinnober, Alaunschiefer, gelber Arsenik, Steinharz, Schwefel, grünes und gelbliches Eisenvitriol, Schwefelkies.

Anscheinend wußte man über diese Materie recht gut Bescheid, denn altindischen Berichten zufolge waren die Ärzte sehr wohl über „die schädlichen Einflüsse der Metalle in ungereinigtem Zustande" informiert, worüber in einer eigenen Abhandlung ausführlich berichtet wird.,

Die alte Medizin hat die einzelnen Mineralstoffe zur Heilung einer Reihe von Beschwerden eingesetzt.

Über Gold heißt es: Es vertreibt die drei Krankheitsstoffe Galle, Schleim und Wind, ist kalt, schafft Appetit, stärkt die Sehkraft und verleiht langes Leben. In dreifacher Form wird das Gold verwendet: erstens präpariert mit Quecksilber, zweitens gediegen für sich allein, wie es in der Erde gefunden wird, und schließlich in der Vermischung mit anderen Metallen.

Bis vor wenigen Jahrzehnten wurde Gold übrigens als Antirheumatikum verwendet – und wird zum Teil auch heute noch für diese Indikation eingesetzt. In einem zeitgenössischen Arzneimittelkodex steht allerdings an erster Stelle die Immunmodulation, also die Anregung des Immunsystems.

Zinn, von Ernährungswissenschaftlern als essentielles, also lebensnotwendiges Spurenelement erkannt, ist nur organisch gebunden giftig, als reines Zinn hingegen ungiftig. Von Zinn wird in der indischen Medizin gesagt: Es ist laxativ (abführend), heilt krankhaften Harnfluß, vertreibt Würmer, Gelbsucht und Hitze, verleiht Schönheit und ist ein Elixier.

Blei hingegen soll, wenn es warm ist, Hämorrhoiden heilen, schwer verdauliche Speisen lösen und gegen Schleim und Wind wirken. Wie wir heute wissen, ist dieses Metall allerdings schwer giftig, es reichert sich in den Nervenzellen an. Dennoch wurde es bis in die jüngste Vergangenheit medizinisch genutzt. So zum Beispiel als Bleipflaster, als Furunkelsalbe (heute wegen ihrer Giftigkeit verboten), als Bleiacetat und als Bleizucker.

Von den nichtmetallischen Stoffen wird dem roten Arsenik zugeschrieben: Schmeckt scharf, glänzt, wirkt verdünnend und zerstört Gifte, heilt Besessenheit, Furcht, Geistesverwirrung und verleiht die

Fähigkeit, sich andere untertan zu machen. In der Homöopathie ist dieser Stoff nach wie vor – hochverdünnt – im Einsatz. Als Hauttherapeutikum wird er heute nicht mehr verwendet.

Alaunschiefer, wissen die altindischen Mediziner zu berichten, ist den Augen heilsam, adstringierend und stoppt Erbrechen sowie die durch Galle hervorgerufene Hitze. Außerdem wirkt Alaun blutstillend.

Vom Eisenvirtriol wird berichtet: Gelblicher Eisenvitriol schmeckt bitter und ist kalt, er heilt aufgestrichen Augenleiden und verschiedene Hautkrankheiten wie Krätze, Aussatz usw.

Aus Messingasche erzeugte Salbe wirkt gegen Galle, Schluckauf, Hitze, Vergiftung, Husten und heilt alle Augenkrankheiten. Allerdings dürfte es sich dabei um ein „Uraltrezept“ gehandelt haben, das zwar noch als solches überliefert, aber vielleicht zur Zeit der Niederschrift gar nicht mehr in Verwendung war.

Antimon, so die alten Schriften, ist kalt und schmeckt scharf und zusammenziehend, es vertreibt Würmer und ist ein vortreffliches Elixier, welches, in einer Mixtur verwendet, „die Brüste schwellen macht“. In einem modernen Arzneimittel-Kodex ist darüber unter anderem zu lesen: „Vorwiegend in der Homöopathie, aber auch in der anthroposophischen Medizin (wegen der speziellen Zubereitungsform) angewendet. Und zwar als Zäpfchen oder zur Verwendung als Frostsalbe.“

Ein Abschnitt des indischen Medizinlehrbuches ist dem Quecksilber gewidmet, eines dem Talk, eines dem Alaun. Unterschieden wird zwischen der Anwendung von Kalk von einem Schneckenhaus und dem von einer Seemuschel sowie den medizinischen Anwendungen der Perlmuschel. Auch weiße Kreide wird genannt, Kalkspat, Kampferstein, Legierungen von Silber und Gold, Sand. Eisenpulver und Rost wurden gegen Blutarmut verabreicht. Aus Schmelzbutter, Honig und Eisenstaub wurde ein kräftigendes Mittel zubereitet.

Schließlich noch eine Auswahl aus den Edelstein-Zuschreibungen. „Der Rubin hat 15 Namen, schmeckt süß und klebrig, er wirkt gegen Wind und Galle und gibt ein vorzügliches Elixier ab für diejenigen, welche die richtige Anwendung der Edelsteine kennen."

Smaragd „wirkt als Gegengift, ist laxativ, beseitigt akuten Durchfall, wirkt gegen Galle, reizt den Appetit, schafft Wohlbefinden und vernichtet dämonische Einflüsse". Smaragd ist, berichtet Hildegard von Bingen, in der Edelstein-Medizin sehr bewandert, „gegen alle Schwächezustände und Hinfälligkeiten des Menschen wirksam".

„Auf den Bauch geklebt", so eine weitere alte Tradition, wirke Smaragd auch gegen Magenschmerzen nach einem üppigen Festmahl. Türkis jedoch „vernichtet ein jedes Gift, vegetabilisches, von lebenden Wesen kommendes sowie aus beiden gemischtes, ebenso die Schmerzen, welche durch dämonische oder sonstige schädliche Einflüsse entstehen".

Das Forschungsinstitut für ayurvedische Medizin in Jamnagar hat sich gründlich mit den ayurvedischen metallischen Zubereitungen auseinandergesetzt. Dabei kam eine Liste von nicht weniger als 1950 Rezepten heraus, von denen nicht ganz hundert zu jenen Metallen gehören, die im Magen-Darm-Trakt absorbiert und dann wieder ausgeschieden werden. Der größte Teil aber wird jenen metallischen Zubereitungen zugerechnet, die den Magen-Darm-Trakt unverändert verlassen. Was aber nicht heißt, daß sie keine Wirkung entfalten. Sie beschleunigen oder verlangsamen eine Reaktion, wirken also katalytisch. Der Vorteil dieser Medikation, so sind die ayurvedischen Ärzte überzeugt, liegt darin, daß es dabei sicher zu keiner Anreicherung im Körper kommen kann und daß daher diese Medikamente über lange Zeit hinweg genommen werden können.

Die medizinische Anwendung von Edelsteinen umfaßt: Rubin, Perle, Koralle, Smaragd, Topas, Diamant, Saphir, Hyazinth, Katzenauge, Quarzgesteine (Bergkristall, Adular, Scheindiamant, Mondstein, Lapislazuli) sowie Türkis.

Dr. Nadkarni, alteingesessener indischer Arzt, dessen Vorfahren schon Ayurveda praktizierten, legte in einem umfangreichen dreibändigen Werk die Grundlagen dieser Medizin-Richtung dar und beschrieb darin recht ausführlich Medikamente pflanzlichen, tierischen und mineralischen Ursprungs. Er schildert darin auch Präparate im Zusammmenhang mit ihrer therapeutischen und physiologischen Wirkung, ihre Herstellung und ihre Anwendung bei einzelnen Krankheiten. Natürlich fehlen diätetische Anweisungen nicht, etwa zum Vitaminbedarf des Menschen aus ayurvedischer Sicht oder auch Hinweise über die Ernährung mit Fischen.

Für uns Europäer und besonders für Menschen, die im europäischen Medizinsystem geschult wurden, ist das indische System nur schwer begreifbar. Man hat bei uns kaum jemals gelernt, daß nicht nur ein Organ krank ist, sondern daß eine ganze Reihe von Funktionen schon vorher ausfallen muß, daß Fehlsteuerungen, Fehlfunktionen stattfinden, unterbrochene oder versiegende Energieströme die Ursache für ein Organversagen sein können.

Für den Inder – und nicht nur für ihn – ist diese „andere" Denkweise in ganzen Einheiten selbstverständlich.

Wenn man sich die Mühe macht, in die Tiefe zu dringen, so meint Dr. Nadkami, „gibt uns Ayurveda einen Leitfaden in die Hand, die allgemeinen Gesetze des Heilens zu verstehen, was für jeden medizinisch Tätigen nur von Vorteil sein kann".

Für Übersetzer oder auch Anwender des Ayurveda gab es allerdings schon zur Zeit seiner Entstehung ein Handicap, das zu heilloser Verwirrung bei der Dosierung führen konnte: Gewichts- und Maßeinheiten waren je nach Region unterschiedlich. Und da jeder, der seiner Umgebung ayurvedische Medikationen nahebringen wollte, die heimischen Einheiten verwendete, war es für einen nicht Eingeweihten praktisch unmöglich, bei einer Gewichts- oder Mengenangabe herauszufinden, wieviel das jeweils wirklich bedeutete.

(Man erinnere sich bei dieser Gelegenheit daran, daß es noch gar nicht so lang her ist, daß es in Europa ein einheitliches Maß- und Gewichtssystem gibt.)

Darüber hinaus, so berichten Inder, gab es ein weiteres Problem, das man kennen mußte, um richtig damit umzugehen: In der Praxis wurden alle Angaben einfach verdoppelt. Stand zum Beispiel in einer Verordnung, daß davon zwei Einheiten zu nehmen seien, wurden vier genommen. Für den Kenner dieser Gepflogenheit war es klar: Er verordnete die nötige Menge, indem er nur halb soviel angab. Wer mit dieser Sitte nicht vertraut war – etwa ein Arzt aus einem anderen Kulturkreis –, berichtete somit über und verordnete „falsche“, sprich: um die Hälfte zu geringe Dosierungen.

Eine weitere „Feinheit“, die nur dem Kundigen bekannt sein konnte: Die in Indien „Prastha“ genannte Einheit wurde zwar bei allen Verordnungsmengen, die darüber lagen, doppelt genommen. Was darunter lag, hat man jedoch nicht verdoppelt. Will heißen: Statt zwei Einheiten vier, aber eine halbe Einheit ist auch als solche genommen worden.

Oder: Wenn von einem Bad die Rede war, konnte das heißen: ein kaltes, ein mittelkaltes, ein lauwarmes, ein warmes, ein heißes oder ein sehr heißes Bad. Beim Dampfbad hingegen wurde zwischen „warmer“ und „heißer Luft“ unterschieden.

Das sind nur einige der Klippen, die alle zu bewältigen hatten, die sich mit Ayurveda beschäftigten.

Für die Verordnung von Arzneien gab es Vorschriften in bezug auf die Tageszeit, zu der die Verordnung durchzuführen sei, aber auch in Hinblick auf die Dosas, ob sie oder eines von ihnen schwach oder stark waren. Als Faustregel galt ferner: „Medizinen sollen frisch zubereitet werden und Flaschen gut geschüttelt, bevor aus ihnen die vorgeschriebene Dosis ausgegossen wird.“

Und: „Frauen benötigen nur selten die gleiche Dosis wie Männer. Man reduziere die Dosis bei ihnen um ein Drittel“. Für Kinder waren andere Mengen zu geben als für Erwachsene. Unter einem Jahr sollte nur ein Zwölftel der Normaldosis verabreicht werden, unter zwei Jahren ein Achtel und erst ab dem 21. Lebensjahr die ganze Dosis. Jenseits des 60. Lebensjahres mußte die Dosis aber wieder verkleinert werden – auf vier Fünftel bzw. zwei Drittel.

Anweisungen gab es auch für Menschen mit besonderer Empfindlichkeit. Und den Hinweis, daß Europäer grundsätzlich höhere Dosierungen benötigen als Inder.

Darüber hinaus mußte beachtet werden, daß es keineswegs gleichgültig ist, in welchen Gefäßen eine heilwirksame Substanz zubereitet bzw. gelagert wird. Achtet man nicht darauf, gehen wichtige Spurenelmente verloren, es könnten sich aber auch schädliche chemische Reaktionen ergeben. Diese Anweisungen, vor vielen Jahrhunderten zu Papier gebracht und noch viel länger mündlich überliefert, entsprechen durchaus modernen Erkenntnissen, die allerdings noch lange nicht vollständig in die Realität umgesetzt sind.

Von einer Erkenntnis bis zu deren breiter Anerkennung und bis zur Umsetzung in den (medizinischen) Alltag ist es ein langer, steiniger, dornenreicher, von vielen Rückschlägen übersäter Weg. Damals wie heute. Und es dauert, so ein Bonmot eines Wissenschafts-Profis, bis eine neue Erkenntnis Fuß faßt und zur täglichen Praxis wird, so lange, daß bis dahin der Gelehrte, der das Neue fand, mitsamt seinen Schülern längst begraben ist.

Folgen wir in groben Zügen jener Schilderung des Gesamt-Ayurveda, die uns Baghwan Dash in seinem Buch „Fundamentals of Ayurvedic Medicine“ gibt, und einigen Anweisungen, die darin enthalten sind.

Um seinen Körper gesund zu halten, sollte man früh aus den Federn – noch bevor die Sonne aufgeht.

Nach dem Waschen des Gesichts, das unmittelbar nach dem Aufstehen erfolgen soll und im Winter auch mit lauwarmem Wasser durchgeführt werden darf, kommen die Augen an die Reihe. Dazu sollte man in den hohlen Handflächen ein wenig Wasser sammeln und es über die Augen sprühen. Danach werden die Augenlider sanft gerieben, was auch den Augäpfeln eine durchblutungsfördernde Massage bringt.

Für alle Jahreszeiten und alle Tage im Jahr gilt die Regel: Nach der morgendlichen Waschung ein Glas kaltes Wasser trinken. Dr. Dash: „Das fördert die Abgabe von Stuhl und Urin."

Der Ayurveda-Fachmann schildert auch, daß „im Ayurveda verschiedene Sorten von Zigarren verschrieben werden". Aber:

„Diese Zigarren sind aus Gemüseblättern gemacht und enthalten weder Nikotin noch Narkotika wie Cannabis." Rauchen derartiger Zigarren „kuriert die Schwere im Kopf, Kopfschmerzen, Nasenschleimhautentzündung, Ohrenschmerzen, schmerzende Augen, Husten, Atembeschwerden und einiges mehr."

Über die Therapie und Einnahme von Medikamenten berichtet die ayurvedische Medizin, was überaus „zeitgeistig" klingt: Je früher man damit anfängt, desto besser. In vorgerücktem Alter wirkt die Therapie nicht mehr so gut, ihr Effekt ist begrenzt.

Drei Therapieformen werden eingesetzt, um Kranke wieder gesund zu machen: die innere Reinigung, die äußere Reinigung und die chirurgische Therapie. Dabei wird noch unterteilt in Lichttherapie, Ernährungstherapie, Trocknungstherapie, Öltherapie und entzündungshemmende Therapie.

Entscheidend ist jedoch – völlig unabhängig von der Therapie – der ayurvedische Grundsatz: „Der Schlüssel zur Gesundheit liegt in uns selbst. Inneres Glück ist die beste Medizin."

Nun zu ayurvedischen Heilmitteln für „allgemeine" Krankheiten.

Bronchitis: Die einfachste Behandlung der Bronchitis, sagt Dr. Murthy, besteht in der ayurvedischen Medizin durch die Verabreichung von einem Teelöffel Gelbwurzpulver zusammen mit einem Glas Milch zwei- oder dreimal täglich. Das wirkt am besten, wenn es auf den leeren Magen genommen wird. Statt Gelbwurz kann aber auch die gleiche Menge trockenen Ingwers, schwarzen Pfeffers und langen Pfeffers dreimal täglich gegeben werden. Das Pulver kann mit Honig gemischt oder mit dem täglichen Tee zugeführt werden. Da die letztgenannten drei Stoffe auch fiebersenkend wirken, kann mit ihnen ein mit der Bronchitis (oder in deren Folge) auftretendes Fieber bekämpft und der Stoffwechsel beruhigt werden.

Der lange Pfeffer enthält eine Reihe ätherischer Öle und wird in der ayurvedischen Medizin als Hautreizmitttel äußerlich und gemischt mit anderen Pflanzen ebenfalls äußerlich gegen „toxische“ Kopfschmerzen angewendet.

Wie Dr. Wallnöfer dazu feststellt, „wird diese Droge über die Haut und die Bronchialschleimhaut, die Nieren und die anderen Harnwege ausgeschieden, wirkt schweißtreibend, harntreibend und gegen chronischen Rheumatismus (in Milch vermischt mit Zucker)“.

Verstopfung: Dagegen hilft am besten, stellt Dr. Murthy fest, „eine Änderung der Eßgewohnheiten. Das ist in jedem Fall besser als jede Art von Medikament.“ Also eine Umstellung auf leichte Kost. Milch, Fruchtsäfte und gekochte Lebensmittel stehen dabei im Vordergrund. Fette Speisen sind grundsätzlich zu meiden. Außerdem sollte der Patient ausreichend Flüssigkeit zu sich nehmen, Wasser, Milch oder Säfte. Eine chronische Verstopfung kann am besten mit Pillen behandelt werden, die bis zu vier Ingredienzien enthalten, schildert der Ayurveda-Arzt Dr. Murthy. Man sollte diese Patienten auch anweisen, keine stärkehaltige Nahrung zu sich zu nehmen. Statt dessen sollten sie Blattgemüse konsumieren, etwa Spinat, Kohl, Stengel der Senfpflanze und Obst wie Melonen, Papaya und Mangos.

Darüber hinaus sollten lange Spaziergänge gemacht werden und Übungen, die die Magenmuskulatur festigen. Sehr hilfreich bei der Therapie ist ein Glas Wasser gleich am Morgen noch vor dem Frühstück.

Husten: Wenn der Husten nicht durch einen schleimigen Auswurf gekennzeichnet ist, dann geben ayurvedische Ärzte folgende Ratschläge: Trinken Sie Milch und Ghee. Um den Auswurf wegzubekommen, sollte der Patient einen Auszug von einer Lakritzenwurzel mit ein wenig Zucker oder Honig versehen zu sich nehmen. Oder statt dessen 250 bis 750 mg schwarzen Pfeffer, gemischt mit Ghee, Honig und Zucker.

Durchfall: Die ayurvedische Behandlung für diese Störung besteht in einer Paste aus der Wurzel des in Indien vorkommenden Nußgrases Cyperus rotundus (in der europäischen Phytotherapie wird es gegen Prostataleiden verwendet). Drei- bis viermal am Tag anzuwenden. In Puderform sollten 75 mg der Substanz, gemischt mit einem Teelöffel Honig, drei- oder viermal am Tag gegeben werden.

Bluthochdruck. Dr. Murthy: „Die Therapie des Bluthochdrucks muß mit einer sorgfältigen Diagnose der Ursache beginnen. Wenn es sich um einen sekundären Hochdruck, der seine Grundlage in einer anderen Organerkrankung hat, handelt, sollte mit der Behandlung der Krankheit begonnen werden. Ist die Blutdruckerhöhung hingegen primären Ursprungs, muß zuerst mit der Wiederherstellung des Gleichgewichts zwischen dem Dosa Vata und Vayu (Luft), einem der fünf Elemente, begonnen werden, denn alle Medikamente, die Vayu erhöhen, sind für diesen Zustand nützlich."

Knoblauch ist die wertvollste Substanz, um einen zu hohen Blutdruck einzuregulieren. Eine Mischung aus zirka einem Gramm Knoblauch mit einem Glas Buttermilch, zweimal am Tag getrunken, wird den Blutdruck wieder normalisieren. Am besten ist es, den Knoblauch roh zu verwenden. Durch Kochen oder andere Behandlung verliert er nämlich wertvolle Inhaltsstoffe.

Ein heißer Tip der ayurvedischen Medizin, der allerdings, weil sehr geruchsintensiv, sicherlich nicht jedem zusagen wird: Einige Zehen Knoblauch, morgens auf den leeren Magen genommen, korrigieren jede Erhöhung des Vata, egal, ob es sich um Luft im Magen handelt oder um den Blutdruck.

Eine weitere Pflanze, die in Indien seit Jahrhunderten zur Behandlung der Hypertonie eingesetzt wird, ist die Rauwolfia. Und zwar wird dabei die pulverisierte Wurzel bevorzugt. Die übliche Dosis beträgt einen halben Teelöffel des Pulvers dreimal pro Tag.

Außerdem sollte der Erkrankte eine Diät mit möglichst wenig Fett einhalten. Hydrogenierte Öle und gesättigte Fette müssen auf alle Fälle vermieden werden. Am besten ist gekochtes Gemüse und Obst. Kohlenhydrate sollten tunlichst vermieden werden.

Darüber hinaus sollte man früh zu Bett gehen und ein regelmäßiges Leben führen. Ein langsamer Spaziergang am Morgen ist für diesen Patienten die beste Übung.

Influenza (gemeint ist die bedrohliche Viruserkrankung und nicht eine relativ harmlose, durch eine Verkühlung bedingte „Grippe"). Dr. Murthy: „Das beste Mittel dagegen und gegen die damit verbundenen Probleme ist Pfeffer. Ein halber Teelöffel des Pfefferpulvers, vermischt mit zwei Teelöffel Honig und einem halben Teelöffel Ingwersaft, dreimal am Tag verabreicht, wirkt dem Ausbruch einer Influenza sehr effektiv entgegen." Diese Mischung ist auch ziemlich nützlich, um Komplikationen zu vermeiden, die dem Ausbruch der Krankheit folgen. Das ist vor allem die Einbeziehung der Luftröhre und der Lungenwege.

Ein anderes gutes Mittel gegen Influenza ist die Gelbwurz, behauptet der Ayurveda-Experte. Ein Teelöffel voll von diesem Pulver oder auch von einer daraus hergestellten Paste sollten in eine Tasse warme Milch gegeben und mit ein wenig Zucker vermischt dreimal täglich eingenommen werden.

Medizinisch angewendet wird die Gelbwurzel auch bei Leberleiden und gegen Gelbsucht, wie Phytotherapeuten feststellen. Diese Aussage findet aber auch ihren Niederschlag bei der Behandlung der Influenza, denn Dr. Murthy weist ausdrücklich darauf hin: „Dieses Medikament verhindert Lungenkomplikationen und aktiviert die Leber, die die Tendenz hat, während einer Influenza ebenfalls angegriffen zu werden."

Niederer Blutdruck: Bis die wirkliche Ursache der Druckstörung eruiert ist, kann die Verabreichung von Brandy oder Alkohol anderer Art in kleinen Mengen (15 bis 50 ml), in warmem Wasser aufgelöst, eine brauchbare Übergangslösung darstellen. Zu niederer Blutdruck kann aber auch mit Medikamenten bekämpft werden, die die Balance des Vayu im Körper wiederherstellen. Einem Niederdruck-Patienten sollte eine ausbalancierte Diät aus Eiweiß und Kohlenhydraten gegeben werden. So sollten etwa trockene Früchte, Käse, Hühnerfleisch, Hasenfleisch, Suppen mit Fleisch, Früchte wie Mango, Bananen, Äpfel, Trauben und Hülsenfrüchte, Bohnen in allen Varietäten die Hauptbestandteile des Speisezettels von Patienten sein, die an chronischem niederen Blutdruck leiden.

Magengeschwüre: Gebratene Speisen und Gewürze unbedingt meiden. Besonders Chili ist streng verboten! Milde, leicht verdauliche Speisen sollten statt dessen auf dem Speiseplan stehen. Milch kann in beliebigen Mengen konsumiert werden, es sollten aber Intervalle von drei bis vier Stunden nach jedem Milchtrinken eingehalten werden. Das gilt besonders dann, wenn Magenschmerzen bei leerem Magen auftreten.

Abgesehen von der Ernährungsumstellung muß der Patient angewiesen werden, sich freizuhalten von Ärger und Streß, beides kann die Geschwüre verschlimmern. Der Magenkranke soll auch während des Tages rund eine Stunde schlafen oder zumindest ruhen.

Der beste Weg, mit der Krankheit fertig zu werden, besteht entweder in der Einnahme von Schoten der Flohsamen genannten Pflanze vor dem Zu-Bett-Gehen oder in Rizinusöl.

Anleihen bei der altindischen Medizin werden heute auch noch reichlich gemacht. So ist beispielsweise der Hauptinhaltsstoff eines Präparates gegen Verstopfung indischer Flohsamen (Plantago ovata). Im Begleittext zu diesem Medikaments kann man nachlesen: „Quell- und Füllstoffe aus Samen und Samenschalen von Plantago ovata bewirken auf physiologische Weise eine Verkürzung der bei der Verstopfung verzögerten Passagezeit und unterstützen die Regulierung des Stuhlgangs.“

Penelope Ody nennt in ihrem Buch „Kräuter-Hausapotheke“ eine Reihe weiterer indischer Mittel, die unter Spezialisten der Phytotherapie gerne angewendet werden. Darunter befinden sich Gotu Kola (ein nicht nur in Indien weitverbreiteter Doldenblütler), ein Mittel, das bei Überaktivität von Kindern zur Beruhigung beiträgt, und Zimt, der seit Jahrtausenden einen Exportschlager der indischen Wirtschaft darstellt. Zimt ist ein verdauungsförderndes Mittel, das Nieren und Kreislauf anregt und, als Tee, bei Erkältungen hilft.

Zu den Standardwerken der alten Medizin zählt das persische „Awesta“. Der größte Teil dieser Enzyklopädie des damaligen Wissens wurde durch die Soldateska Alexanders des Großen verbrannt. Erhalten geblieben ist nur je eine Abhandlung über Astronomie und über Medizin. In späteren Jahrhunderten ging man daran, das Awesta zu rekonstruieren. Das war zwar auch damals einigermaßen mühsam, doch geschah es in einer Zeit, in der man noch gewohnt war, auch sehr umfangreiche Texte, die im Druck einige hundert bis tausend Seiten umfaßt haben würden, aus mündlicher Überlieferung zu kennen und wiedergeben zu können. Das meiste Wissen der Menschheit wurde nämlich von Kopf zu Kopf weitergegeben und erst seit – menschheitsgeschichtlich gesehen – relativ kurzer Zeit schriftlich niedergelegt.

Aber auch diese Rekonstruktion des Awesta – sie wurde etwa zwischen 220 und 270 nach Christus durchgeführt, also rund 500 Jahre nach Alexander – ist leider zum größeren Teil verlorengegangen. Nur etwa ein Viertel des Gesamttextes blieb erhalten.

Experten haben große Übereinstimmungen zwischen der wedischen und der altiranischen Heilkunst gefunden; seit dem Altertum gab es bekanntlich recht gute und zum Teil auch intensive Beziehungen zwischen dem Iran und Indien.

Auch im Awesta wird – wie bei fast allen Hochkulturen davor und teilweise durchaus auch bis in unsere Zeit – Krankheit mit dem Geist des Bösen und ihm unterstellten Wesen in Zusammenhang gebracht, sowohl mit Dämonen als auch mit menschlichen Zauberern.

Um Krankheiten loszuwerden, verließ man sich nicht nur auf das Austreiben von Dämonen oder das Entfernen eines Zaubers. Man verfügte auch über handfeste Hilfsmittel für die Therapie. Im Awesta werden drei solcher Hilfsmittel aufgezählt: Messer, Pflanzen und geheiligte Formeln.

Für die Nachwelt und vor allem für die Wissenschaftler unseres

Jahrhunderts haben die Altiraner nicht zu unterschätzende HIlfestellung geleistet. Sie haben im Awesta auch die Dosierungen erwähnt, die beim Gebrauch eines Heilmittels nicht überschritten werden dürfen. So wußte man etwa recht gut mit den Inhaltsstoffen der Fingerhutpflanze umzugehen. Unverdünnt ist es eine hochgiftige Substanz, in der richtigen Dosierung hingegen ein Heilmittel.

Führte die Behandlung mit dem Messer und den Pflanzen nicht zum Erfolg, verordnete man als letzten Ausweg Gebete. Wenn heutzutage Ärzte mit ihrem Latein am Ende sind und der Krankheit nichts mehr entgegensetzten können, ist es nicht anders: Dann „hilft nur mehr Beten". Wie doch die menschliche Seele trotz aller Rationalität immer noch im Mystisch-Magischen verhaftet ist...

Die Beschwörungsformeln, die die altiranischen Ärzte verwendeten, wenn bereits alle Stricke gerissen waren, nannte man Mantras. Ein Begriff, der unter den Esoterik-Anhängern bekannt ist und noch heute viel verwendet wird.

Die Grundlagen des Awesta, die in die indische Medizin ausstrahlten, und das System des Ayurveda haben auch in Tibet Fuß gefaßt und die tibetische Medizin stark geprägt. Was nicht heißt, daß bloß „abgekupfert" wurde. Die tibetische Medizin hat durchaus wegweisende eigenständige Verfahren und Therapiewege entwickelt. Professor Ilza Veith, Medizinhistoriker an der Universität von Chicago, der sich sehr intensiv mit tibetischer Medizin beschäftigt: „Soviel wir wissen, ist Tibet das einzige Gebiet auf der Welt, wo eine durch die Jahrhunderte hindurch vererbte Heilkunst in fast unveränderter Form noch heute ausschließlich im Rahmen der herrschenden Religion ihren Platz hat. Medizinisches Wissen wird nur in den Lamaklöstern gelehrt, und die Ausübung medizinischer Praxis liegt allein in der Hand von Lama-Priestern."

An Hand von zwölf Bildrollen, die als eine Art Lehrbuch der Medizin galten, hat Prof. Veith das alte tibetische medizinische Wissen der Nachwelt erschlossen.

Diese Bildrollen handeln vom Aufbau des menschlichen Körpers und seiner Arbeitsweise, von der Ernährung, der Tier- und Pflanzenwelt, der Herstellung von Medikamenten. Die Bilder enthalten jedoch Motive aus der ältesten Periode der indischen Medizin unter starker Beimischung von Yoga-Ideen. Sie stützen sich auf das älteste aller tibetischen Medizinbücher, das im achten Jahrhundert n.Chr. übersetzt wurde, aber auf noch viel älteren Quellen beruht. Allerdings wurde die tibetische Medizin auch stark von jener Chinas beeinflußt.

Grundlegend für die tibetische Heilkunde ist jenes System, das wir bereits aus Indien kennen: das System der Dreiheit. Dabei werden als körperliche Grundelemente angesehen: Wind, Galle und Schleim. Deren seelische Pendants sind: Verstand, Wille und Geist. Dementsprechend wird auch der Körper in drei Zonen – eine obere, eine mittlere und eine untere – eingeteilt.

Diesem Dreiteilungsprinzip folgend schreibt man den Krankheiten auch nur drei Grundursachen zu. Nämlich: Sinnenlust und Begehren, Leidenschaft oder Zorn, Dummheit oder Unwissen.

Hier wie dort ist der Grundgedanke aller Heilkunst die Vorstellung, daß der Mensch in seinem inneren Gefüge und auch in seinen Lebenserscheinungen ein mikroskopisches Ebenbild des Weltalls ist und daher auch von denselben Kräften durchdrungen und belebt wird wie das Weltall. Demnach erhält jeder Mensch bereits bei der Geburt für die Dauer seines Lebens seinen Anteil an der „Weltseele“, die er mit dem Atem in sich aufnimmt. Der Körper wird, so lehrt die tibetische Medizin weiter, von den drei Grundelementen und deren seelischen Gegenstücken in einem feinverzweigten Netz von unzähligen Gefäßen durchflossen.

Wie aus den Bildrollen hervorgeht, wurde damals bereits die Schutzimpfung angewendet, und zwar gegen die weitverbreiteten schwarzen Blattern. Der Impfstoff wurde pockenkranken Patienten entnommen.

Auf Bildrolle 9 sind heilende Salze und Pflanzen dargestellt, dabei auch ein „Kropfsalz“, von dem man allerdings nicht mehr als den Namen kennt.

Besonders reich ist die Auswahl an Medizinalpflanzen. Darunter befinden sich Eisenhut, Holzapfel, Gelbwurz, Sandelholz, Berberitze, Mangobaum, Granatapfel und andere. Im beigefügten Text ist auch der Verwendungszweck angegeben. So wurde etwa Enzian bei Gallenerkrankungen empfohlen, Berberitze bei Durchfall. Ein Großteil der auf den tibetischen Bildrollen aufgeführten Pflanzen konnte allerdings nicht eindeutig identifiziert und einer Krankheit zugeordnet werden.

In Tibet galt im großen und ganzen die chinesische Medizin als Standard, und es wurde auch weitgehend deren Arzneienschatz übernommen. Besonders geschätzt wurde in Tibet die Gelbwurz, die eng verwandt ist mit den Ingwergewächsen. Ihre Anwendung in der chinesischen Medizin ist erst ab dem siebenten nachchristlichen Jahrhundert belegt. Im offiziellen Arzneimittelbuch der Volksrepublik China wird diese Wurzel heute noch als Heilmittel geführt.

Man soll damit Blutstauungen beseitigen können, den Fluß der Körperkräfte normalisieren sowie Schmerzen lindern. Außerdem wird ihr anregende Kraft für Milz und Leber zugeschrieben. Verwendung findet die Gelbwurz in der chinesischen Medizin auch bei Schmerzen im Brustkorb, Ausbleiben der Regel, Schwellungen, Blutharn sowie bei Zahnschmerzen, Koliken, Blähungen.

6. KAPITEL

Heilkunst im Reich der Mitte

Noch heute werden in Pekinger Apotheken Arzneien nach uralten Regeln zusammengestellt. An der chinesischen Akademie der Wissenschaften werden traditionelle Heilpflanzen gründlich auf ihre Wirkstoffe hin untersucht. In der Sammlung des Instituts befinden sich nicht weniger als 50.000 Pflanzen säuberlich in einem Herbar aufbewahrt und jederzeit für weitere Studien griffbereit.

Heilpflanzen-Experten sprechen sogar vom größten medizinischen Erfahrungsschatz der Menschheit, über den die Ärzte im „Reich der Mitte" verfügen können. Wobei dies nur ein Teilaspekt der traditionellen chinesischen Medizin (TCM) ist, in deren Lehrgebäude Heilpflanzen nicht unbedingt eine Hauptrolle spielen.

Man sollte aber, wenn von chinesischer Medizin die Rede ist, nicht vergessen, daß es sich dabei nicht allein um eine Heilkunde in unserem Sinne handelt. Denn in China wird der Mensch – wie in den anderen bisher besprochenen Kulturen auch – nicht nur als Einheit von Körper und Seele gesehen, sondern auch richtigerweise in den Konnex mit der Natur und dem Naturgeschehen sowie mit den Naturgesetzen gebracht. Dabei kommt es entscheidend auf die energetische Situation an, in der sich ein Körper befindet. Diesen Energiefluß gilt es zu regulieren oder, wenn er sich als gestört erweist, wieder durchgängig zu machen.

Der Mensch ist dieser Lehre nach ein Bindeglied zwischen Himmel und Erde und unterliegt den Einflüssen von beiden. Mensch und Natur sind daher sehr eng miteinander verbunden. Die Tätigkeit des Arztes wird aufgrund dieses Weltbildes nicht nur durch das irdische, sondern auch durch kosmisches Geschehen geprägt. Das ist in groben Strichen gezeichnet das Weltbild der chinesischen Medizin.

Ein Experte hat es einmal markant ausgedrückt: „Die chinesische Medizin verfügt über einen hohen Grad an Originalität. Sie zeichnet sich durch eine auf der Prüfung des Pulses beruhende diagnostische Methode aus. Ihre Physiologie gründet sich auf die Vorstellung von der Zirkulation einer kosmischen Energie, die sich innerhalb des menschlichen Körpers immaterieller Meridiane als Wege bedient."

Der Sinologe Prof. Manfred Porkert schreibt: „Trotz erkennbarer Bereitschaft zum Umdenken hat die Wissenschaft des Westens noch längst nicht zu einem angemessenen Verhältnis gegenüber der chinesischen Zivilisation gefunden. Vor allem aber gelingt es nur ganz wenigen, herausragende chinesische Entdeckungen im Gesamtkontext der sich über mehr als zwei Jahrtausende entfaltenden chinesischen Kultur zu verstehen."

Der entscheidende Unterschied zum rational-wissenschaftlichen Weltbild der westlichen Welt liegt aber, wie es Porkert formuliert, darin: „Um chinesische Heilpflanzen oder andere Arzneimittel der traditionellen chinesischen Medizin zu entdecken, genügt es nicht, mit der Botanisiertrommel durch China zu reisen und die so eher zufällig zusammengetragenen Drogen noch so ausgereiften Analysen der westlichen Pharmakologie zu unterziehen. Was auf diese Weise bestenfalls zu entdecken ist, ist eine zufällig aus China stammende Droge der westlichen Pharmakologie, auch wenn diese bisher außerhalb Ostasiens unbekannt gewesen sein mag."

Wer an die Ursprünge der chinesischen Medizin gehen will, müsse, so meint der Medizinhistoriker Prof. Ming Wong, „bis an die Ursprünge der Menschheit" zurück. Man müsse aber auch die ungeheure Vielfalt der archäologischen Funde dieses Riesenreiches mit ins Kalkül ziehen. So hat man beispielsweise in einem Grab aus der Zeit um 200 vor Christus Akupunkturnadeln gefunden, die durchaus ungewöhnlich waren.

Einige von ihnen bestanden aus Gold, andere aus Silber. Die goldenen sind vom Typus Yang und wirken anregend, die silbernen hingegen vom Yin-Typ und beruhigend. Auf Yin und Yang werden wir später noch zu sprechen kommen, Doch allein die Tatsache, daß es diese zwei Arten von Nadeln gab, mag manchen Akupunktur-Patienten des Westens überraschen.

Schon seit frühester, in sagenhaftem Dunkel liegender Zeit ist überliefert, daß die Leitungen der „Jing-Luo-Gefäße", die wir Meridiane nennen, mit Sternbildern und Kanälen verglichen werden. Und jeder der Meridiane ist auch auf Yin und Yang bezogen – was etwa den Spannungsfeldern Pluspol-Minuspol, Gut und Böse entspricht, die sich im gesunden Körper im Gleichgewicht befinden.

Diesem chinesischen Weltbild entspricht aber auch eine Zuordnung von Zahlen zu Himmel (1), Erde (2) und Mensch (3). Der Mensch ist demnach in drei Regionen eingeteilt: Der obere Teil Kopf und Brust entspricht dem Himmel, der mittlere, der vom Zwerchfell bis zum Nabel lokalisiert ist, ist „dem Menschen eingegliedert", der untere vom Nabel bis zur Sohle ist mit der Erde verbunden. Die Dreizahl tritt beispielsweise auch bei einem Meridian auf, der „Dreierwärmer" genannt wird.

Die chinesische Medizin unterscheidet überdies zwischen drei Arten von Arzneimitteln, den höheren, mittleren und niederen. Zu den ersten beiden Gruppen werden je 120 gezählt, die niederen Arzneimittel sind hingegen 125 an der Zahl. Der Unterschied?

Die höheren Arzneimittel sind unabhängig von der Dosierung niemals giftig. Dazu zählen unter anderem die Ginseng-Wurzel, Süßholz, die „Frucht der fünf Weisen", die Frucht einer Magnolienart.

Die mittleren Arzneimittel sind manchmal giftig und können Unverträglichkeitsreaktionen hervorrufen. Sie sollen „das Lebens-

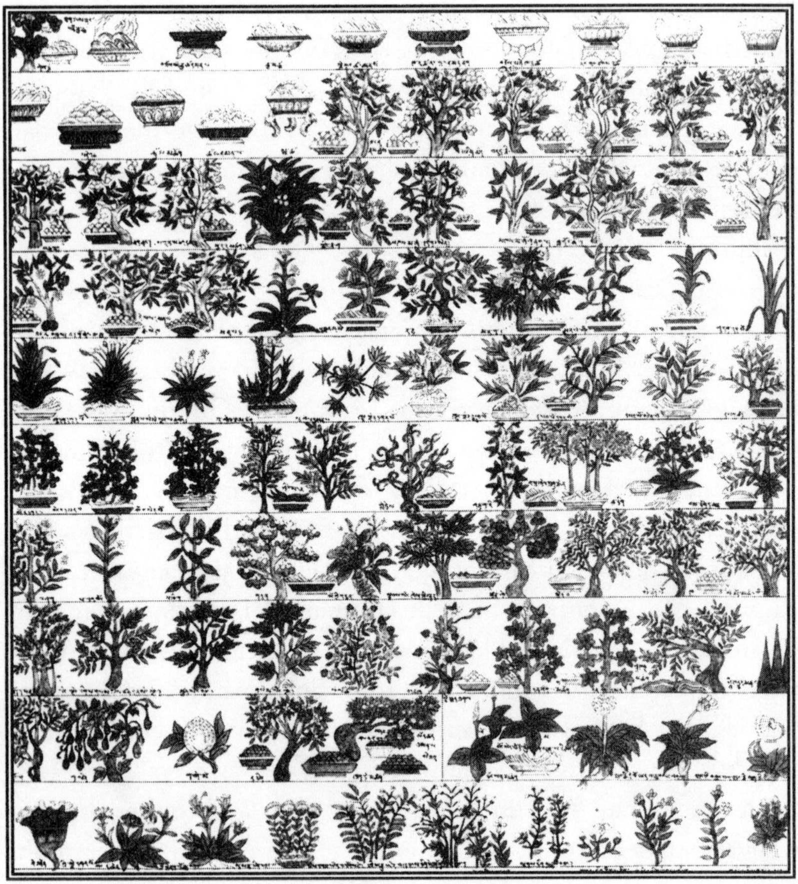

Tibetische Lamas haben hier Pflanzen ihrer Heimat dargestellt, die für medizinische Zwecke genutzt wurden. Vielfach ist aber kein Unterschied zwischen Nahrungs- und Heilpflanzen gemacht worden.

prinzip" nähren und Mangelerscheinungen aufheben. In diese Medikamentengruppe fallen unter anderem Engelwurz, Ephedra (Meerträubel auf deutsch, Ma Huang in China genannt) und Magnolia.

Mit Vorsicht werden die 125 „niederen Arzneimittel" verordnet. Dazu zählt beispielsweise der Sturmhut.

Die meisten dieser althergebrachten Arzneimittel werden heute noch angewendet. Zu den Standardwerken des zeitgenössischen chinesischen Arztes gehört überdies ein 52 Bände umfassendes Arzneimittelverzeichnis, das die Beschreibung von fast 2000 Heilmitteln enthält. Insgesamt finden gegenwärtig nicht weniger als 5767 Mittel pflanzlicher, tierischer und mineralischer Herkunft Verwendung. Sie werden aus rund 300 Heilkräutern, mineralogischen und tierischen Produkten hergestellt.

Die oben erwähnte Einteilung stammt aus einem der ältesten chinesischen Arzneimittelbücher, das um 200 vor Christus niedergeschrieben wurde. Darin finden sich 365 Arzneimttel.

Die besten Heilpflanzen wachsen in China übrigens wild.

Der chinesische Arzt und Kenner der altchinesischen Medizin, Prof. Albert Leung: „Die Pflanzenheilkunde deckt etwa nur die Hälfte des Gesamtbereichs der chinesischen Medizin ab, die andere schließt beispielsweise auch Philosophie, Ernährung und Gesundheitspflege ein." Die traditionelle chinesische Medizin (TCM) kennt auch nicht die rund 2500 Syndrome, welche die moderne westliche Medizin auflisten kann. Der TCM geht es vielmehr um die „Norm". Die Therapie ist daher bestrebt, ein Abweichen von der Norm zu korrigieren. Es geht also hauptsächlich um ein Zuwenig oder Zuviel, das reguliert und in den Normzustand übergeführt werden muß.

Zhong yi, die alte chinesische Medizin, beinhaltet darüber hinaus auch tägliche „Turnübungen" wie Quigong, eine Atem- und Konzentrationstherapie, die sich genau vorgeschriebener Bewegungsabläufe bedient, sowie eine „Aromatherapie" durch Abbrennen von

Räucherstäbchen am Hausaltar, welche mit Gebeten verbunden ist.

Quigong wird von jedermann ausgeübt, in Parks genauso wie in Schulen, allein oder in Gruppen.

In der chinesischen Medizin werden heute rund 6000 Arzneistoffe verwendet. Der Großteil davon besteht aus Pflanzen bzw. deren Teilen. Aber auch Tierisches, wie etwa Haut und Fleisch von Schlangen, gilt in China als beliebtes Heilmittel und wird auch heute noch auf Märkten feilgeboten.

In der chinesischen Medizin werden giftige Pflanzen wie Eisenhut oder Brechnuß recht häufig verwendet, erklärt Prof. Leung und fügt hinzu: „Um ihre Giftigkeit zu mindern, verordnet man sie stets zusammen mit anderen Kräutern. Darüber hinaus werden oft viele Stunden für die Zubereitung der Abkochungen verwendet, oder man unterzieht die Pflanzen einem besonderen Verfahren – einer Art Frittieren –, um die giftigen Stoffe zu entfernen."

Mehr noch: „Heilpflanzen werden im heutigen China dazu verwendet, die schädlichen Nebenwirkungen moderner Medikamente abzuschwächen, insbesondere bei der Behandlung von Krebs."

Bei der Anwendung der Heilpflanzen kommt es dem chinesischen Arzt aber keineswegs, wie seinem Kollegen im Westen, auf das „Wirkstoffmolekül" an. Das interessiert ihn so gut wie gar nicht. Chinesische Arzneimittel werden nämlich nach ihrem „Temperaturverhalten" unterschieden.

Es gibt nach dieser Lehre Heilpflanzen (Medikamente) mit „kalten" Eigenschaften. Mit diesen werden Krankheitszustände behandelt, die durch Fieber oder Brennen gekennzeichnet sind.

Jene mit „kühlen oder kühlenden" Eigenschaften verwendet man zur Behandlung von Frösteln oder Schüttelfrost; sie wirken auch kräftigend.

Medikamente mit „heißen Eigenschaften", die ebenfalls gegen Kälte und Schüttelfrost eingesetzt werden, haben einen höheren Wirkungsgrad.

Daneben git es auch noch neutrale Stoffe. Sie normalisieren Körperfunktionen.

Zusätzlich zu den geschilderten Qualitäten der Heilpflanzen kommt in der chinesischen Medizin noch das Geschmackskriterium. Den Heilpflanzen werden nämlich fünf Geschmacksrichtungen zugeschrieben, die der Chinese mit xin (herb, beißend, scharf), gan (süß, angenehm), suan (sauer), ku (bitter, zusammenziehend) und xian (salzig) charakterisiert. Diese Geschmackseigenschaften werden eng mit den Temperatureigenschaften verknüpft.

Legt man die Elle chinesischer Lebensweisheit an, muß man zu dem Schluß kommen: Wir können ein gesundes und langes Leben führen, wenn wir alles in Maßen tun und unseren Körper pflegen. Oder wie es Dr. Bill Goyan, Direktor der amerikanischen Behörde für Nahrungs- und Arzneimittel, bereits 1979 ausdrückte: „Je weniger Medikamente die Menschen nehmen, umso besser geht es ihnen."

Nach alter chinesischer Regel heißt es übrigens: Der „einfache" Arzt behandelt das Symptom, der „bessere" die Krankheit, der „vorzügliche" hingegen verhindert die Krankheit und bewahrt die Gesundheit.

Das Lehrgebäude der Traditionellen Chinesischen Medizin wurde vor rund 2500 Jahren verfaßt, hatte aber schon eine lange Tradition, ehe es schriftlich niedergelegt wurde. Die wichtigsten Behandlungsformen sind: Innere Anwendung mittels Pharmaka aus dem Pflanzen-, Tier- und Mineralreich sowie die Therapie über Nahrungsmittel, also das, was wir heute Diätetik nennen.

Die äußerliche Behandlung stützt sich hauptsächlich auf Akupunktur und Moxibustion. Bei letztgenannter Methode wird Beifußkraut über bestimmten Körperstellen abgebrannt, um eine lokale Erwärmung zu erreichen. Ebenfalls zum Zuge kommt eine milde Form des Aderlasses, wobei ein kleiner Tropfen Blut aus Akupunkturzonen entnommen wird.

Ein wichtiger Bestandteil der Traditionellen Chinesischen Medizin ist die Akupressur, wie der Westen die chinesische Tuina-Massage bezeichnet.

In der chinesischen Medizin spielt aber das Medikament nie die erste Geige. So stehen beispielsweise bei der Behandlung innerer Erkrankungen, wie der chinesische Arzt Dr. Alexander Meng berichtet, Atem- und Konzentrationsübungen an erster Stelle. Dazu kommt, wenn nötig, Selbstmassage. Erst auf diese „energetische Einstimmung“ folgt im Bedarfsfall die Arzneimitteltherapie. Der Spezialist für TCM, Professor Georg König, Wien, umreißt das, worum es der chinesischen Medizin wirklich geht, mit folgenden Worten: „An Stelle der Versuche, die Umwelt gewaltsam zu ändern, setzen die altchinesischen Ärzte das Bemühen, die Reaktion des Patienten so zu beeinflussen, bei gleichbleibender Umwelt sowohl die spezifische als auch die unspezifische Abwehr so zu stärken, daß Krankheitserreger eben nicht mehr krank machen.“ Also eine Hilfe zur Selbsthilfe.

Der Begriff Akupunktur wurde übrigens von Europäern gegen Ende des 17. Jahrhunderts erfunden. Und auch die Bezeichnung „Moxa“ für die oben beschriebene Art lokaler Hitzebehandlung ist nicht chinesischen Ursprungs, sondern ein sprachlicher Japan-Import.

Rund 80 Prozent der therapeutischen Maßnahmen chinesischer Ärzte bestehen seit ältester Zeit in der Anwendung von genau ausgewählten und dosierten Arzneimitteln. Jedes Arzneimittel wird dabei nach einer Reihe von Kriterien beurteilt.

So würde beispielsweise, wie Prof. Porkert schildert, ein chinesischer Arzt bei einem grippalen Infekt gegen das Fieber eine Arznei aus den Zweigen des Zimtbaumes einsetzen.

Von diesem Baum wird auch die Zimtrinde gewonnen, die ebenfalls in der Pflanzenheilkunde des „Reichs der Mitte“ eine nicht unbedeutende Rolle spielt. Auf einem heißen Toast mit Butter soll gemahlener Zimt gerade während der Schwierigkeiten der Pubertät durch seine wärmende und anregende Eigenschaft ein hilfreiches Mittel sein. Darüber hinaus soll gemahlener Zimt den Blutzuckerspiegel senken. Angewendet werden auch Zimttee (bei Erkältungen) und ein verdünntes Öl für Massagen im Brust- und Bauchbereich.

Auch die Magnolienblüte ist ein Heilmittel. Als „Xin Yin Hua" bezeichnet, wirkt sie pilztötend und findet Anwendung gegen Katarrh, ist als schmerzstillend und entzündungshemmend bekannt.

Die frische Ingwerwurzel, auf die wir in anderem Zusammenhang schon gestoßen sind, gehört ebenfalls zum altchinesischen Arzneischatz. Ingwer wird in chinesischen Apotheken als frischer, getrockneter oder gerösteter Wurzelstock feilgeboten. Allen diesen Formen ist gemeinsam: Ingwer hat einen scharfen Geschmack, der eine entfaltende, lösende, den Energiestrom (Chi) fördernde Wirkung hat. Überdies stärkt Ingwer, so lehrt die chinesische Medizin, alle jene Funktionskreise des Organismus, die bei Streß und unregelmäßiger Lebensweise belastet werden. Ingwer kräftigt mithin das Vermögen des Körpers, äußere Reize besser „wegzustecken".

Ein paar kurze Streiflichter auf einige der chinesischen Heilpflanzen und deren Anwendungsgebiete:

▶ Der chinesische Meerträubel, Ephedra, wurde bereits im 2. Jahrtausend vor Christus gegen Husten und Lungenbeschwerden eingesetzt. Aus seinen Zweigen gewinnen die traditionellen chinesischen Heiler fiebersenkende, schweiß- und harntreibende Arzneien. Durch sie soll aber auch der Energiefluß angeregt werden. Aus dieser Pflanze wird das moderne Heilmittel Ephedrin gewonnen. Heute wird dieser Stoff vielfach bei Asthmaleiden verschrieben.

Die alten Römer, die diese Pflanze ebenfalls kannten, nannten sie Meerestraube; davon leitet sich die deutsche Bezeichnung ab. Der Meerträubel gehört übrigens zu den ältesten Heil- und Ritualpflanzen der Menschheit und wurde sogar in einer Begräbnisstätte des Neandertalers gefunden.

▶ Reiskeimlinge setzen chinesische Ärzte gegen Appetitlosigkeit,

Durchfallerkrankungen, Verdauungsstörungen, Magenbeschwerden und Völlegefühl ein.

▶ Pfirsichblätter werden als Mittel gegen Rheuma, Kopfschmerzen, Augenentzündungen und Hautausschläge verschrieben.

▶ Bo He, die chinesische Minze, ist als ein Mittel gegen Erkältungskrankheiten, Kopfschmerzen, Masern, Nasenbluten bekannt.

Professor Florence Lee, Wissenschaftlerin mit jahrzehntelanger Erfahrung, am Ginseng-Forschungsinstitut in Seoul, Korea, tätig, bezeichet diese Pflanze, deren Wurzel den Ruf hat, ein besonders gutes Aphrodisiakum zu sein, als „Lebenselixier". Seit alters her spricht man in China vom „König der Heilkräuter", wenn vom Ginseng, der im Reich der Mitte Ren Shen heißt, die Rede ist. Prof. Lee: „Ginseng hilft mit, die physiologischen Vorgänge in Balance zu halten, die Vitalität wiederherzustellen." Biochemische Analysen haben tatsächlich ein erstaunlich breites Spektrum an Wirkungen erbracht, die von der Anregung des Immunsystems bis zu einer Verbesserung der Stoffwechsellage reichen. Sogar bei Zuckerkrankheit, lassen Untersuchungen vermuten, kann Ginseng hilfreich sein.

Wie chinesische Forscher in ihren Labors herausgefunden haben, enthält die Ginseng-Wurzel Stoffe, die die Müdigkeit reduzieren, die körperliche Belastbarkeit erhöhen, die Bildung der weißen Blutkörperchen fördern, Gedächtnisleistungen verbessern, Lungenfunktionen positiv beeinflussen, das Verdauungssystem stärken und überdies noch Giftstoffe unschädlich machen können.

Wie der Ginseng kommen auch viele andere heilkräftige Arzneien der chinesischen Medizin aus Nordchina. Dort ist auch die Heimat des Sika-Hirsches, der in der Medizin der Chinesen ebenfalls eine Rolle spielt. Als Medikamente genutzt werden Geweih, Bast, Blut und Galle, aus der ein hochwirksames Tonikum hergestellt wird.

Einer der bedeutendsten Ärzte und Medizin-Autoren des alten China war Tschang-Tschon-King. Er lebte im zweiten nachchristlichen Jahrhundert und hat zwei grundlegende Werke hinterlassen. Daraus einige Rezepte aus Heilpflanzen, die in der TCM heute noch überaus populär sind:

- Wenn bei Herzklopfen der Puls schwach ist, helfen Pillen aus der Pinella-Pflanze hergestellt und aus dem Meerträubel.
- Gegen Atemnot wird Meerträubel verordnet, der den Lungenmeridian stärkt.
- Störungen des Verdauungsapparates werden durch Abkochung der Rhabarberwurzel behoben. Eine Abkochung der Zimtrinde fördert ebenfalls die Verdauung.

In der TCM ist freilich auch von uns völlig absurd erscheinenden Arzneimitteln die Rede, etwa von Schwalbennestern. Doch diese Verordnung ist keineswegs magisch-mystischen Ursprungs. Es gibt für sie durchaus gute Gründe: Diese Nester werden nämlich aus Algen und Gräsern zusammengebaut, die wertvolle Vitamine enthalten.

Wie Prof. Lee betont, „hat die chinesische Medizin eine beinahe 5000jährige Tradition im Gebrauch von Heilpflanzen“. Genauso alt scheint auch die Theorie von Yin und Yang zu sein, die in der Medizin ebenfalls eine bedeutende Rolle spielt. Dazu nur kurz: Yin repräsentiert das Negative, Dunkle, Weibliche und Kalte, Yang hingegen das Positive, Lichte, Warme, Männliche. Da nicht nur das Universum von Yin und Yang (und deren Gleichgewicht) regiert wird, sondern auch der menschliche Körper, ist es nur zu verständlich, daß diesen beiden Gegenpolen im Heilungsprozeß eine zentrale Rolle zukommt.

In allen hochentwickelten Kulturen bedeutete Essen in jedem Fall mehr als bloße Nahrungsaufnahme. Vielmehr war es ein Teil der Therapie und der Gesunderhaltung. Ein Beispiel dafür ist das Kochbuch des Prinzen When Hiu. Dazu ein paar theoretische Begriffe:

Für den Chinesen wesentlich sind der Fluß und die Verteilung von Energie, des Qui (Dschi gesprochen), sowie Yin und Yang. Daher werden die Nahrungsmittel auch in kühlende und wärmende eingeteilt. Erstgenannte haben viel kühlendes Qui (liang Qui), letztgenannte „re Qui", also wärmende Energie. Kühlende Energie entspricht Yin, wärmende dem Yang-Prinzip.

Kühlende Gerichte, so heißt es in der chinesischen Ernährungslehre, sind von bleicher Farbe, wäßrig, arm an Kalorien, reich an Vitaminen, an Kalium und anderen Mineralstoffen. Aber: Zu viel kühlendes Essen macht der Ernährungslehre zufolge schwach, blutarm und zehrt aus.

(Grünes Gemüse wurde übrigens als „kühlend" eingestuft.)

Wärmend hingegen wirken alle Gerichte, die reich an Kalorien sind, die auf oder in großer Hitze zubereitet werden oder von „heißer", soll heißen: roter Farbe oder scharf im Geschmack sind. Zu den kühlen Gerichten sollte daher immer mäßig Wärmendes genossen werden.

Als „neutral" gelten weißer Reis, Tofu, Bananen, Wurzelgemüse, gekochte Nudeln, die meisten Fischarten.

Die Kunst des Koches besteht nun darin, ein Gericht so auszubalancieren, daß keines der beiden Elemente, das kühle oder das heiße, Oberhand gewinnt und den Körper schädigt.

Beispielsweise werden grüne Gemüsesorten mit Ingwer oder Pfefferschoten kurz und scharf gebraten, fettes Schweinefleisch wird zusammen mit Rettich zubereitet.

Zu den Speisen, die den Energiefluß stärken und ergänzen, zählt unter anderem geschmortes Huhn. Dazu braucht man ein Huhn, 30 Gramm unraffiniertes Sesamöl, zwei Fingerbreit Ingwerwurzel, 30 Gramm (oder mehr) getrocknete gouji-Früchte (Litschi), Sojasauce nach Geschmack und etwa eine halbe Tasse chinesischen Reiswein. Diese Zutaten werden miteinander bei großer Hitze geschmort, bis ein dicker Eintopf entsteht. Getrocknete Pilze, Schweinefleisch und Schweineleber können ebenfalls beigemengt werden.

Außerordentlich stärkend und erhitzend ist der „Erste-Klasse-Eintopf". Er besteht aus Huhn, Ente, Schweineschulter, einem Dutzend hartgekochter und geschälter Eier, 100 Gramm (oder mehr) getrockneter Winterpilze, reichlich Sojasoße (eine Tasse oder mehr), einer halben Tasse Reiswein, zwei Fingerbreit frischer Ingwerwurzel, Salz und braunem oder weißem Zucker. All das wird miteinander geschmort. Oft wird auch eine „Fünf-Gewürze-Mischung" zugegeben. Die Mischung variiert je nach Landstrich, sie kann Fenchel, Kümmel, Zimt, Nelken enthalten. Jeder Koch hat sein eigenes Geheimrezept.

7. Kapitel

Arabische Medizin

Über die vorislamische Zeit gibt es praktisch keine medizinhistorischen Quellen aus dem arabischen Raum. Aber auch mit Beginn der islamischen Ära änderte sich daran wenig. Der Kenner der islamischen Medizingeschichte, Manfred Ullmann, stellt dazu resignierend fest: „Das Auftreten des Propheten Mohammed brachte hinsichtlich der medizinischen Verhältnisse weder praktisch noch theoretisch eine wesentliche Änderung mit sich. Im Koran, in dem sonst so viele Lebensprobleme der Menschen angesprochen werden, werden der Arzt und die Medizin nirgends erwähnt."

Bis zu Beginn des achten nachchristlichen Jahrhunderts herrschte also weitgehend „Funkstille". Und das, obwohl Mohammed selbst als die beiden wichtigsten Wissenschaften die Heilkunde und die Theologie bezeichnet hatte. Im Koran finden sich allerdings reichlich Vorschriften zur Prophylaxe und Hygiene.

Es gab in Alexandrien eine Hochschule, an der Philosophie und Medizin gelehrt wurde und die noch bis in das frühe achte Jahrhundert bestand. An ihr lehrten einige Ärzte in griechischer Sprache. Die Werke, die einige von ihnen verfaßten, sind in griechischer Sprache erhalten geblieben. Da sie jedoch ihre Vorlesungen in einer „Fremdsprache" hielten, wirkten sie weitgehend isoliert. Möglicherweise haben einige wenige Araber bei ihnen die Schulbank gedrückt, doch sicher ist das keineswegs.

Mit der zweiten Hälfte des achten Jahrhunderts begann aber die große Zeit der Übersetzungen griechischer medizinischer Werke. Damit war das Eis der Isolation gebrochen und das Samenkorn gelegt für eine Entwicklung der Medizin, die viele Jahrhunderte befruchten sollte. Übersetzt wurde alles, was gut und teuer war. Um nur einige Beispiele zu nennen: Das „Corpus Hippocraticum", die Schriften des Hippokrates wurden ebenso in die arabische Sprache übertragen wie die Werke Galens – und durch die arabischen Übersetzungen, denen wiederum Übertragungen in die Gelehrtensprache Latein folgten, überhaupt erst der westlichen Welt bekannt .

Ullmann: „Zumeist im 9. Jahrhundert hergestellt, fußten sie (die Galen-Übersetzungen) auf griechischen oder syrischen Manuskripten, die wenigstens sechs bis sieben Jahrhunderte älter als die uns erhaltenen waren. Vor allem sind in arabischem Gewande viele Schriften bewahrt geblieben, die griechisch verloren oder gegebenenfalls nur aus den lateinischen Übersetzungen bekannt sind."

Von den Arabern wurde das ganze medizinische System der Griechen in Bausch und Bogen übernommen. Doch damit nicht genug. Eifrige Übersetzer stürzten sich auch auf syrische und indische medizinische Literatur und übertrugen sie in ihre Muttersprache.

Einer der fruchtbarsten Dolmetscher für griechische Werke ist der Nachwelt namentlich erhalten geblieben. Er hieß Huniain. Als Sohn eines Apothekers hatte er wahrscheinlich schon von Kindesbeinen an Zugang zu heilkundlichen Fragestellungen. Er hat mehr als 100 Schriften von Galen, Hippokrates und anderen Ärzten der Antike in seine Sprache übertragen. Darüber hinaus hat er, als Hofarzt des Kalifen tätig, auch eigene medizinische Schriften zu Papier gebracht. Unter anderem „Die Erhaltung der Zähne und des Zahnfleisches", „Kenntnis der Leiden und der Heilung des Magens", weiters schrieb er über „Die Behandlung der Wassersüchtigen" und „Die Entstehung des Blasensteines".

Ebenso verfaßte er Schriften über die Augenheilkunde, über Diätetik, einfache und zusammengesetzte Heilmittel und über Sexualhygiene.

In grellem Licht aus der Geschichte hervorgetreten ist auch ein arabischer Arzt, den die Nachwelt latinisiert Rhazes nannte. Sein voller Name lautete Abu Bakr Muhammed ibn Zakariya ar-Razi. Rhazes soll erst im reifen Alter von 30 Jahren Medizin zu studieren begonnen haben. Er beschäftigte sich in seiner Jugend vor allem mit der Kunst des Zitherspiels und war als vorzüglicher Sänger geschätzt. Im Laufe seiner Karriere leitete er auch ein wichtiges Krankenhaus in Bagdad, wurde Hofarzt und ist schließlich im Alter erblindet.

Rhazes gilt jedenfalls als der bedeutendste Arzt der Blütezeit der islamischen Kultur. Was ihn bei manchen Nachgeborenen etwas in Mißkredit brachte, war die Tatsache, daß er auch ein Buch über die okkulten Eigenschaften der Dinge verfaßt hat. Was „reinen" Medizinern, die nichts mit Magie zu tun haben wollten, sicherlich ein mächtiger Dorn im Auge war.

Ar-Razi war als Arzt und Alchimist gleichermaßen bedeutend. Er erlangte eine derartige Berühmtheit, daß man ihn den „Galen seiner Zeit" nannte. Jedoch führten diese beiden Talente zu keiner Synthese. Nur extrem selten, in Ansätzen, wurden alchimistische Methoden auf die Herstellung zusammengesetzter Arzneimittel angewendet. Weit über sein Zeitalter hinaus Bedeutung erlangte er aber durch die erstmals in dieser Art von ihm verwendete Beschreibung der klinischen Symptome und die genaue Beobachtung des Krankheitsverlaufes.

Den Beruf des Arztes hat er ehrlich und realistisch beschrieben: „Man kann in der Heilkunst die Wahrheit nur annäherungsweise erreichen. Alles, was man in den Büchern liest, hat wesentlich weniger Wert als die Erfahrung eines vernünftig denkenden Arztes."

Seine gute Beobachtungsgabe ließ Rhazes auch Zusammenhänge erkennen, die zu seiner Zeit durchaus unbekannt waren. Er entdeckte „eine Art Schnupfen, die im Frühjahr auftritt, wenn die Rosen ihren Duft verbreiten", nach unseren Begriffen den Heuschnupfen.

Darüber hinaus stellte Rhazes eine Liste der zu seinen Lebzeiten verwendeten Pflanzen auf, er lehrte seine Zeitgenossen die Kunst, aus Pflanzenextrakten Sirup zu gewinnen, aber auch die Kunst der Herstellung von Augentropfen. Dabei kam ihm sicherlich seine Erfahrung als Chemiker (Alchimist) zugute.

Eine weitere Arztpersönlichkeit aus dieser Zeit, die über Jahrhunderte hinweg als Autorität ersten Ranges galt, war Ibn Sina, besser bekannt unter dem Namen Avicenna. Er wurde 980 in der Nähe von Buchara geboren, studierte Philosophie und Medizin und begab sich nach Studienende auf Reisen. Avicenna diente mit wechselndem Glück verschiedenen Herrschern, geriet in politische Wirren und wurde gefangengenommen. 1037 wird als sein Todesjahr angegeben.

Sein Lebenswerk umfaßt 156 Fachpublikationen, in Prosa, teils auch in Versen verfaßt. Avicenna deckte praktisch alle Fachgebiete der Medizin ab. Im letzten Abschnitt des fünften Bandes des von ihm verfaßten „Kanon“, der aus fünf Büchern besteht, beschäftigt er sich sogar mit Kosmetik. Einige seiner Kollegen lobten, was selten genug vorkommt, diesen „Kanon“ ausdrücklich. Etwa mit den Worten: „Wenn Hippokrates und Galen ins Leben zurückkehren könnten, so würden sie nicht verfehlen, dieses Werk zu würdigen.“

In Cordoba, damals noch ein Teil des arabischen Reiches, wurde 1126 ein weiterer namhafter arabischer Arzt geboren: Avarroes, wie man ihn, seinen langen und schwer auszusprechenden Namen latinisierend, nannte. Dort hatten omajadische Kalifen einen Hof errichtet, der mit dem Glanz und Prunk jenes von Bagdad wetteiferte. Dabei ging es aber keineswegs nur um Luxus. So umfaßte die Hofbibliothek von Cordoba etwa 40.000 Bände philosophischen, religiösen und wissenschaftlichen Inhalts.

Avarroes war zwar gelernter Jurist und bekleidete als solcher wichtige Staatsämter, hat sich aber auch sehr intensiv der Medizin gewidmet. Sein Hauptwerk ist ein vielgelesenes und über Jahrhunderte hinweg geschätztes Medizinlehrbuch.

Eine erstaunliche Persönlichkeit war der von 936 bis 1013 lebende Arzt Albucassis. Er wurde auch unter der Verballhornung seines arabischen Namens als Alsaharavius bekannt. Dieser Mann war Chirurg und verfaßte ein 30bändiges Werk über dieses Fach. Darin beklagte er die geringen Fortschritte, die die Chirurgie bis zu seiner Zeit gemacht habe. Und, erstaunlich modern: Er lehnte es ab, einen Eingriff durchzuführen, ohne die genaue Ursache der Erkrankung zu kennen, die Diagnose erstellt und einen genauen Operationsplan erarbeitet zu haben.

Als Praktiker setzte sich Albucassis nicht nur mit den Vor- und Nachteilen der einzelnen Nahtmaterialien auseinander, er verbesserte auch das chirurgische Instrumentarium und lieferte in seinem Chirurgielehrbuch auch gleich die entsprechenden Zeichnungen dazu.

Ebenfalls in Cordoba kam jener Mann zur Welt, welchen die Nachwelt Maimonides nannte. Maimonides, einer angesehenen jüdischen Familie entstammend, diente unter anderem dem Sohn des berühmten Sultans Saladin als Leibarzt.

Wie ein roter Faden zieht sich durch die ganze arabische medizinische Literatur die Behandlung des Themas „Allgemeine Hygiene". Eine der wichtigsten Schriften über diesen Zweig der Medizin ist in persischer Sprache aus der Feder eines arabischen Medizin-Autors erhalten. Darin werden behandelt: die Jahreszeiten, Nahrungsmittel, Wasser, Beischlaf, Bäder, Leibesübungen, Schlaf und Wachen.

Eine zentrale Rolle in der frühen arabischen Medizin spielte die Diätetik. Viele Ärzte zogen es nämlich vor, an Stelle von starken Medikamenten diätetische Maßnahmen zu verordnen.

Die frühe arabische Medizin kannte daher, so muß man wohl annehmen, die Heilwirkung der Lebensmittel. Abu Mansur etwa schreibt über den Reis: „Es gibt zwei Arten von Reis, weißen und roten... Der weiße wird am meisten gebraucht. Er stärkt den Magen und stopft mäßig den Leib. Reis mit Milch gekocht ist bei Abschürfungen und Geschwüren der Darmschleimhaut von Nutzen. Wenn man Reis fein stößt, in Melonensaft einweicht und aufs Gesicht auflegt, vertreibt er die roten und schwarzen Hautflecken."

Vom gleichen Autor wurde auch die gesundheitsfördernde Wirkung des Salates gepriesen, ebenso wie die Heilkraft der Zitrone. Von ihr wurde nicht nur das Innere verwendet, sondern auch die Kerne und die Schale. Beispielsweise wurde Zitrone in eine Salbe eingearbeitet und so auf die Haut aufgetragen, um den Teint zu erfrischen und Flecken verschwinden zu lassen. Außerdem, hieß es, ließe sich durch den Genuß von Zitronen Fieber senken.

Herausragende Leistungen, die selbst von Ärzten des 20. Jahrhunderts bestätigt wurden, haben arabische Mediziner in der Augenheilkunde vollbracht. Die meisten ihrer Heilmittel bestanden aus mineralischen Substanzen, welche zu Pulvern oder Salben verarbeitet wurden. Vorrangig verwendet wurde dazu Bleiglanz.

Gegen Ermüdung, Nässen und Jucken der Augen und zur Förderung der Sehkraft wurde beispielsweise eine Mixtur folgender Zusammensetzung verordnet: 12 Dirham Hämatit (Blutstein), 6 Dirham Grünspan,

4 Dirham gebranntes Kupfer, 4 Dirham gebranntes Vitriol, 1Dirham Opium, ein halbes Mitqual Safran, 10 Dirham Gummi arabicum. (1 Mitqual = ca 4,46 g, 1 Dirham = ca. 3,12 g.)

Überraschend eine Verordnung, die Kalif Al Muktadir im Jahr 932 erließ: Demnach mußte jeder, der einen anderen behandelte, im Besitz eines Zeugnisses sein, das ihn dazu befähigte, den Beruf des Arztes auszuüben.

Arabische Ärzte haben auch immer wieder enge Beziehungen zwischen Krankheiten und dem Gang der Gestirne hergestellt. Konstellationen der Gestirne wurden auch bei der Anwendung therapeutischer Maßnahmen in Betracht gezogen. Wie der Berliner Medizinhistoriker Dr. Dietrich Brandenburg feststellt, „wurde die Himmelskunde zum Lehrfach der theologischen Hochschulen wie der medizinischen Akademien".

Über die zu jener Zeit sehr intensiv ausgeübte Alchimie stellt Brandenburg fest: „Bleibende Bedeutung gewann die Alchimie ... vornehmlich auf dem Gebiet der Heilkunde. In der Heilmittellehre sollte sie bald eine bevorzugte Stellung erhalten. Heute sehen wir darin den Vorläufer, ja Initiator der modernen und jetzt allgemein dominierenden medikamentösen Therapieform: der Chemotherapie."

Die intensive Beschäftigung mit der Alchimie (ver)führte eine Reihe von Ärzten und Alchimisten zur vergeblichen Suche nach der alles heilenden Medizin, der Panazee. „Anderseits", so Brandenburg, „brachte der Anfall verschiedenster chemischer Stoffe als Nebenprodukte der Metallveredelung der Arzneiwissenschaft neuen Auftrieb und führte sie in ein initiales Stadium experimenteller Forschung. Von der Pharmakologie begann sich eine Art wissenschaftlicher Toxikologie (Giftkunde, Anm. d. Verf.) abzuspalten, ausgelöst bereits durch Gabir ibn Haiyan, als dieser sein ‚Buch der Gifte' schrieb."

Die intensive Beschäftigung mit der Chemie führte auch zu der – von Paracelsus später so markant formulierten – Erkenntnis, daß die Wirksamkeit einer Substanz nicht allein von ihren chemischen und pharmakologischen Eigenschaften abhängte. Entscheidend sei die Konzentration. Oder in den Worten des Paracelsus: Alles ist Gift. Nur die Dosis macht das Gift.

Es dämmerte den damaligen Pharmakologen auch, daß Chemikalien in hoher Konzentration Krankheitssymptome hervorrufen können, während sie in starker Verdünnung zu heilen vermögen. Damit waren arabische Ärzte des frühen Mittelalters nicht weit von Hahnemanns Grundkonzeption der Homöopathie entfernt.

Brandenburg: „Man ahnte nicht nur, man erkannte und bewies, daß verschiedene Stoffe in einer Mischung ihre Kräfte gegenseitig beeinflussen. Das ist die Potenzierung der Arzneimittel."

Und alle, selbst Männer wie Gabir ibn Haiyan, als „Vater der Alchimie" gepriesen und in abendländischen Schriften kurz Geber genannt, dessen Name in der Geschichte der arabischen Medizin viele Jahrhunderte überdauert hat, haben nach dem „Stein der Weisen" und dem Elixier des ewigen Lebens gesucht. Geber ist dennoch für die Chemie und ihre Anwendung in der Medizin das, was für die Heilkunde Hippokrates ist, betonen Experten der Chemie- und Medizingeschichte. Geber äußerte nämlich bereits die Vermutung, daß jedes Ding sein Gegending habe, das ihm entgegenwirke.

Man bemühte sich vor rund tausend Jahren im arabischen Einflußgebiet schon um die Darreichungsform einer Arznei. Auch dabei haben sich die Alchimisten hervorgetan.

Angeblich soll es Rhazes gewesen sein, der auf die Idee kam, schlecht schmeckende Medikamente mit einem Zuckerguß zu überziehen – ähnlich den heute bekannten Dragees. Um dem Patienten die Medizin schmackhafter zu machen – vornehmlich, wenn es sich um einen Fürsten oder eine andere hochrangige Persönlichkeit handelte –, wendete man sogar Techniken an, die sonst den Zuckerbäckern vorbehalten waren.

„Akademisch" gebildete Ärzte, die neben der Medizin auch Astronomie und Alchimie beherrschen mußten, gab es nicht viele. Jedenfalls viel zu wenige, um ihre Dienste wirklich breiten Bevölkerungsschichten zukommen lassen zu können. Daher war im islamischen Orient die Zahl der „Praktiker", der Scharlatane, Zauberer und Quacksalber, die sich haupt- oder nebenberuflich mit der Ausübung der Heilkunde beschäftigten, schier unübersehbar. Den „echten" Ärzten stand ein Heer von Barbieren, Badehelfern, Masseuren, Aderlassern, Steinschneidern, Bruchoperateuren, Alchimisten, Astrologen, Horoskopschreibern, Wahrsagern und Gesundbetern gegenüber.

Die hier geschilderten Verhältnisse werfen ein Licht auf die Zeit von rund 700 bis knapp nach der Jahrtausendwende im arabischen Raum. Und 500 Jahre später im „zivilisierten, gebildeten" Europa? Der Historiker Franz Irsigler, Universität Trier, über die damals herrschenden Zustände:

„Es gehört zu den Paradoxien dieses an Gegensätzlichkeiten ohnehin nicht armen 16. Jahrhunderts, daß mit der allmählichen Durchsetzung der modernen, wissenschaftlich fundierten praktischen Medizin auch die Glanzzeit der ärztlichen Magier beginnt. Seit den 1570er Jahren fanden Stein- und Bruchschneider, Okulisten (Augenärzte, Starstecher) und Quacksalber ... wachsames Interesse der Obrigkeit."

Wenn wir das Rad der Zeit aber nochmals 500 Jahre weiter drehen, in das Zeitalter, das durch biotechnologische Verfahren Medikamente herstellt, das Raketen (und Menschen) zu fernen Planeten schickt, das mit Stolz auf die Heilerfolge seiner High-Tech-Medizin hinweist, was sehen wir dann?

Lassen wir es Professor Irsigler mit seinen eigenen Worten sagen: „Und doch verdanken den Magiern der Heilkunst, die der allgemeinen Bereitschaft zum Wunderglauben so sehr entgegenkamen, heute die Heilpraktikerstars der Illustrierten und des Fernsehens und die Gesundbeter in den kulturellen Rand- und Rückzugsgebieten von Eifel, Hunsrück und Niederbayern ... das ungebrochene Fortleben dieses Glaubens und Glaubenswollens an die heilmagnetische Kraft der Schamanen und Priester-Ärzte der Vorzeit."

Zurück vom abergläubisch-hilflosen Heute vieler Menschen, die Heil und Heilung jenseits der Medizin suchen, zu den Arabern des ersten Jahrtausends nach Christi. Hier einige prägnante Sätze dieser frühen Ärzte, die durchaus jung und frisch klingen und in unserer Zeit niedergeschrieben worden sein könnten:

▶ Solange die Gesundheit anhält, lasse die Medikamente beiseite. Aber wenn sich die Krankheit einstellt, bekämpfe sie mit allen angebrachten Mitteln, bevor sie Wurzeln schlagen kann.

▶ Bei der Behandlung des Kranken muß man das Alter, die Gewohnheiten, die Jahreszeit, den Beruf berücksichtigen.

▶ Kein Medikament, das nicht den gewünschten Grad an Perfektion oder Reife hat, darf angewendet werden.

▶ Das vor Einnahme des Medikaments genommene Bad steigert dessen Wirkung.

▶ Wenn sich eine Behandlung auf einfache und leichte Medikamente beschränken läßt, darf man auf keinen Fall andere anwenden. Man steigert langsam ihre Anwendung, indem man von den leichten zu den wirksameren übergeht, wenn die leichten ohne Wirkung bleiben.

► Sowie der Kranke über die Nahrungsmittel behandelt werden kann, braucht man nicht auf Medikamente zurückzugreifen.

8. Kapitel

Manitous Apotheke

Acht Jahre, nachdem eine Schar von Haudegen das Reich der Azteken erobert hatte, kam ein Franziskanermönch namens Bernhardino de Sahagun (1499-1590) in diese „neue Welt". Er war ein sehr gebildeter und toleranter Mann, der die Sprache der einheimischen Bevölkerung erlernte. Diese ungewöhnliche Wißbegierde und Großherzigkeit brachte ihm jedoch – wie nicht anders zu erwarten – unter seinen christlichen Mitbrüdern Anfeindungen ein.

Den größten Teil seines Lebens widmete Bernhardino de Sahagun der Niederschrift der „Allgemeinen Geschichte der Angelegenheiten Neu-Spaniens". Seine Gewährsleute waren Azteken – und wie die Nachwelt feststellte, durchaus verläßlich. Von Sahagun wissen wir nicht nur über Kultur, Geschichte, Politik, sondern auch über die Medizin der Azteken Bescheid. Die beiden wichtigsten, bis heute erhaltenen medizinischen Texte sind übrigens in aztektischer Sprache, aber in lateinischen Buchstaben und nach den Rechtschreibregeln des Spanischen verfaßt.

Als großer Glücksfall ist zu bezeichnen, daß sich auch schon recht früh spanische Ärzte, die in Mexiko Dienst versahen, für die Medizin der Azteken interessierten. Einer dieser Ärzte war Dr. Nicolas Monardes, der 1656 nach jahrzehntelangem Aufenthalt in Mexiko ein dickleibiges dreibändiges Werk über die Heilpflanzen und Heilstoffe der Eingeborenen verfaßte. Mehrere Hundert der indianischen Heilpflanzen und Rezepte probierte er in seiner Praxis aus und erzielte damit rasch den Ruf, ein besonders erfolgreicher und tüchtiger Arzt zu sein. Hätten seine Patienten aber gewußt, daß „ihr“ Doktor nicht nach den damals gültigen Regeln der „Schulmedizin“ behandelte, sondern sich des Wissens der „Wilden“ und „Heiden“ bediente, sie hätten sicherlich keine Lobeshymnen auf ihn gesungen, sondern ihn eher als Scharlatan und Betrüger geschmäht.

Ein anderer Arzt, Dr. Francisco Hernandes, der ein noch viel umfangreicheres Werk über die Naturgeschichte der Neuen Welt verfaßte, nannte darin 1200 Drogen und sonstige Heilmittel, die bei den Azteken erfolgreich in Gebrauch waren.

Eine jener Heilpflanzen, die Dr. Monardes in seinem Buch abbilden ließ, war die Sarsaparilla (deutscher Name: Stechwinde). Sie wurde vielseitig verwendet. Einerseits als harntreibendes Mittel bei Nieren- und Blasenleiden, andererseits zur inneren Behandlung von Hautausschlägen und als Gurgelmittel.

Smilax utilis, so der botanische Name dieser Pflanze, ist ein immergüner Strauch. Wie ein modernes Heilpflanzenbuch anführt, „war dessen Wurzel bei uns vor dem Gebrauch von Quecksilber und Salvarsan beliebt. Heute schätzt man sie noch, weil sie die Verdauung und die gesamte Nierentätigkeit anregt und vor allem bei schon lange andauerndem Rheumatismus, chronischen Ausschlägen und bei Gicht helfen soll.“

Weitere Beispiele für aztekische Pflanzenheilmittel: Guajakholz, Sassafras, Perubalsam, Tolubalsam und Rizinusöl.

Über diese Pflanzen ist im 1996 erschienenen Pschyrembel, „Wörterbuch der Naturheilkunde und alternativen Heilverfahren“, nachzulesen:

Guajacum officinale, als Arzneidroge in Verwendung sind Holz, Rinde, ätherische Öle und Harz. Die Wirkung der Inhaltsstoffe wird für die einzelnen Teile folgendermaßen beschrieben: Das Holz stoppt Pilzwachstum (wirkt fungistatisch), ist harntreibend (diuretisch), die Rinde schweißtreibend (diaphoretisch).

Sassafras: Baum aus der Familie der Lorbeergewächse. Als Arzneidroge wird im Herbst ausgegrabenes und entrindetes Wurzelholz sowie getrocknete Wurzelrinde verwendet. Wirkung: Ebenfalls diuretisch und diaphoretisch. Wird traditionell verwendet als Blutreinigungsmittel, bei Hautleiden, Katarrhen, rheumatischen Erkrankungen, Gicht.

Perubalsam: Eine braune, zähflüssige Masse, die aus geschwellten Stämmen des in Mittelamerika beheimateten Baumes Myroxylon balsamum gewonnen wird. Über die Wirkung berichtet das „Wörterbuch der Naturheilkunde“: Antibakteriell, antiseptisch, antiparasitär (besonders gegen Krätzmilben). Kommt äußerlich zur Anwendung (nicht länger als eine Woche, sonst kann es zu unliebsamen Wirkungen kommen) bei schlecht heilenden Wunden, Verbrennungen, aber auch bei Krampfadern, Hämorrhoiden und Druckstellen von Prothesen.

Tolubalsam ist das erhärtete und gereinigte Harz verletzter Stämme des gleichen Baumes, von dem der Perubalsam gewonnen wird. Seine Wirkung ist auch antimikrobiell, jedoch zusätzlich fördert dieser Balsam die Schleimentfernung aus den oberen Atemwegen. Daher findet dieses Mittel ganz besonders Anwendung bei Entzündungen der Atemwege, aber auch als Schutz von Wunden vor Infektionen.

Rizinusöl (siehe vorangegangene Kapitel – dieser Stoff taucht in allen Kulturen und zu allen Zeiten für immer die gleichen Indikationen auf) wird in der modernen Phytomedizin in gleicher Weise verwendet wie zur Zeit der Doktoren Sahagun und Hernandes.

Sahagun hat eine weitere, seinen Zeitgenossen damals unbekannte und daher geheimnisvoll erscheinende Pflanze beschrieben, die bei den Azteken viel verwendet wurde. Er berichtet: „Es gibt ein Gewächs, das Peyotl heißt. Wer davon ißt oder trinkt, sieht zum Lachen reizende oder erschreckende Dinge. Das Gewächs läßt Durst, Hunger, Furcht vergessen. Wer Peyotl ißt, kann in die Zukunft sehen.“

Viele Jahrhunderte blieb die Wirkung dieser Kakteenart, deren getrocknetes Fruchtfleisch diese Zustände hervorrief, ein ungelöstes Geheimnis. Einer der Inhaltsstoffe, die später Chemiker isolierten und untersuchten, ist Mescalin – ein Rauschgift. Seine Erfahrungen der „Bewußtseinserweiterung" mit diesem Mescalin hat der englische Schriftsteller Aldous Huxley als ein Vordringen an die „Pforten der Wahrnehmung" beschrieben.

Um die Rauschdrogen wie Mescalin wurde bereits zur Zeit der Azteken ein Schleier des Geheimnisvollen gelegt. Nur Priester und Zauberer kannten die Dosierungsvorschriften und hüteten diese verständlicherweise, umhüllten sie mit mystischem Brimborium, um sie so vor fremdem Zugriff – und für die eigenen Rituale zu bewahren. Wäre davon etwas an die Öffentlichkeit gedrungen, hätte die Verwendung dieser Pilz-Inhaltsstoffe sehr leicht zu Mißbrauch und schwersten gesundheitlichen Schäden in weiteren Kreisen der Bevölkerung führen können. Daher wurde als Sicherheitsnetz gleich die Warnung ausgegeben: Unbefugten Umgang mit diesen Substanzen würden die Götter mit Verblödung und Tod bestrafen.

Dieses strenge Verbot hatte wahrscheinlich auch noch einen weiteren Grund: Schon damals dürfte bekannt gewesen sein, daß der Peyotl-Kaktus zweierlei Wirkung entfaltet, einerseits eine hypnotische, andererseits eine schmerzstillende.

Nanacatl, ebenfalls ein Pilz, verleiht in geringen Dosen Wohlbefinden, höher dosiert führt er in einen Dämmerzustand des Geistes. Auch dieser Fliegenpilzverwandte ist von Priestern, Magiern und Ärzten geschätzt worden – man wußte freilich auch um dessen richtige Anwendung Bescheid und um den schmalen Grat zwischen Heilmittel und Gift.

Halluzinationen hervorrufende Pflanzen spielen in der präkolumbianischen Medizin jedenfalls eine wichtige spirituell-rituelle Rolle als Wegbereiter zu einer Kommunikation mit der Götterwelt.

Von den übrigen medizinischen Schriften der Azteken sind der Nachwelt leider nur wenige Bruchstücke erhalten geblieben. Der Grund dafür ist keineswegs der Zahn der Zeit, der vieles zerstört hat.

Vielmehr war es ein Glaubensbruder Sahaguns, der für die gründliche Vernichtung des Geistesgutes der Azteken geflissentlich Sorge trug. Der erste Bischof von Mexiko, Juan de Zumarraga, ging durch diesen wahrhaft barbarischen Kulturfrevel als Minusmann in die Geschichte ein, indem er alle aztekische Literatur, derer er habhaft werden konnte, verbrennen ließ.

Sein Amtskollege im Reich der Maya ließ ebenfalls alles Religiös-Kulturelle, dessen er habhaft werden konnte, vernichten und übergab darüber hinaus nahezu die gesamte Literatur der Maya den Flammen. Nur ganz wenige Texte – die nichts mit Medizin zu tun haben – blieben erhalten.

Unter den mittelamerikanischen Kulturen besaß die Medizin der Azteken ein besonders hohes Ansehen. Es gab damals sowohl Ärzte als auch Ärztinnen und neben den „Allgemeinpraktikern" auch schon Fachärzte. In den alten Schriften sind darüber hinaus Apotheker erwähnt. Zu den Medizinberufen gehörten weiters die Hebammen die Bader, die für Dampf- und medizinische Bäder zuständig und wohl auch verantwortlich waren.

Ausgebildet wurden Ärzte, indem sie von einem erfahrenen Meister Unterricht erhielten. Wie es scheint, war das Ansehen des aztekischen Arztes bei den weißen Eroberern größer als unter der einheimischen Bevölkerung. So hat etwa der Vernichter des Aztekenreiches, Hernando Cortez, an seinen König zu Haus in Spanien geschrieben, daß es nicht nötig sei, spanische Ärzte nach Mexiko zu bringen, die einheimischen Mediziner seien hervorragend. Was er am eigenen Leib bewiesen bekam, als er sich einem dieser Heilkundigen anvertraute.

Sahagun schreibt gar: „Der Arzt ist der Heiler des Volkes, der Erneuerer und Beschützer der Gesundheit. Der gute Arzt ist ein Diagnostiker, erfahren und reich an Kenntnissen über die Heilkraft der Kräuter, Steine, Bäume und Wurzeln. Er ist maßvoll in seinen Handlungen, heilt Kranke, indem er Knochen einrichtet und Schienen anlegt. Er versteht es, Abführ- und Brechmittel und Heiltränke zu verabreichen, zur Ader zu lassen, Wunden zu nähen und Einschnitte zu machen sowie die Leidenden zu beleben."

Freilich gab es, wie zu allen Zeiten, nicht nur gute Ärzte. Sahagun: „Ein schlechter Arzt ist ein Betrüger, ein nachlässiger Behandler, unerfahren. Er tötet mit seinen Arzneien durch Überdosierung, verschlechtert den Zustand der Kranken, gefährdet das Leben anderer. Er behext die Menschen, ist ein Zauberer, ein Wahrsager, ein Loswerfer, er verführt und verhext die Frauen."

Ein besonders gutes Zeugnis stellt der Franziskanermönch den aztekischen Ärztinnen aus, was in dem Satz gipfelt: „Man kann ihrer beruflichen Tüchtigkeit trauen."

Aztekische Ärzte kannten sich recht gut in der Anatomie, aber auch in der Pathologie (Lehre von den Krankheiten) aus. Der Nachwelt blieb ein Buch erhalten, in dem auf 40 Seiten anatomische Bezeichnungen aufgeführt sind.

Ebenso wie die Indianer Nordamerikas legten die Azteken großen Wert auf Zahnpflege. Für sie galt, was auch heute Zahnärzte dringend anraten: nach jedem Essen Mund ausspülen und Zähne reinigen. Dazu verwendete man entweder Dornen oder schmale Zahnstocher. Darüber hinaus wurden die Zähne mit einer Zahnpaste aus Asche und Honig und einer Bürste, die aus einer Wurzel gemacht war, gründlich gereinigt. Zur Pflege der Zähne wurden auch Kaugummis verwendet. Sie bestanden aus Erdpech und Cochenille (getrocknete und zerstampfte Schildlaus).

Eine ebenfalls wichtige Rolle für die Gesundheitspflege der Indianer Mittelamerikas spielten Bäder. Man kannte damals bereits so etwas wie eine Sauna. Diese Art der Anwendung von heißem Dampf war übrigens auch bei den Indianern Nordamerikas überaus beliebt und wurde hier wie dort zur Heilung verschiedenster Leiden eingesetzt.

Das Dampf- bzw. Schwitzbad der Azteken diente drei Zwecken: zuvorderst der rituellen Reinigung, dann der körperlichen Säuberung und last but not least der medizinischen Therapie. Das Dampfbad wurde vor allen wichtigen Kulthandlungen aufgesucht. Bäder wurden aber auch in Zusammenhang mit Massagen von den Ärzten verordnet. Besonders jene Badeanstalten im Hochland, die in der Nähe von Schwefelquellen lagen, deren gasförmige Abdampfungen medizinisch genutzt wurden, wurden bei Hautleiden angeraten.

Die Medizin der Azteken, der letzten Herrscher im vorkolumbischen Mexiko, ist uns am besten bekannt und hat auch im Vergleich zu allen Völkern Mittel- und Südamerikas den höchsten Stand erreicht. Hier hatte im Gegensatz zu den anderen Indianervölkern die Spezialisierung bereits Platz gegriffen. Jeder der Spezialisten hatte eine eigene Berufsbezeichnung. So gab es zum Beispiel Fachleute für das Massieren oder für das Austreiben einer Krankheit durch Saugen an der Wunde. Andere wieder beschäftigten sich mit dem Zurückholen verlorener Seelen, mit der Behandlung von Augenleiden, mit Geburtshilfe. Ferner kannten Azteken Spezialisten für die Diagnose durch Wasserbeobachtung, für die Behandlung nach einem Wahrsagekalender, für die Traumdeutung und auch solche für die Bereitung von Dampfbädern. Allein zur Behandlung psychischer Leiden standen den aztekischen Ärzten 115 Pflanzenarten zur Verfügung.

Welches Kraut gegen welche Seelenstörung gerichtet war, läßt sich heute nicht mehr mit Sicherheit sagen, weil viele der Bezeichnungen für Psychosen u. dgl. modernen Bezeichnungen oder Krankheitsbildern nicht zuzuordnen sind.

Übrigens war man der Ansicht, daß Krankheit die Ursache innerer Gleichgewichtsstörung sei, nämlich des Gleichgewichtes zwischen dem Individuum und der Gesellschaft.

Einen Vergleich ziehend zwischen indianischer Heilkunst und jener der spanischen Eroberer meinte Henri-Roger Plenot: „Im Gegensatz zu den fast wirkungslosen Heilmitteln der Spanier besaß die Therapeutik der Indianer eine beachtliche Zahl von Heilverfahren, die den Spaniern ganz unbekannt waren.“ Und Plenot ergänzt: „Die in Europa seit langem gepflegten Heilmethoden ... waren ebenso tief von Aberglauben geprägt wie jene der Indianer.“

Die Inka – auch für ihren Untergang sorgten spanische Conquistadoren und erwarben dafür von der spanischen Krone Ruhm und Ehre – glaubten, daß die Geister Krankheiten schicken könnten. Daher mußte man sie versöhnlich stimmen. In logischer Folge daraus war der Medizinmann Priester, Arzt und Wahrsager in Personalunion. Als Heilmittel wurden häufig gebraucht: Aderlaß, Abführmittel, Einreibungen, Einläufe.

Was wir von den Heilmitteln der Inka wissen, verdanken wir vor allem einem Pater namens Cobo. Er stellte eine umfangreiche Liste von Heilmitteln zusammen. Vor allem bei den mineralischen Präparaten oder Mitteln gibt es bis heute keine Zuordnungsmöglichkeit. Man weiß zwar, daß „lipis" zu Pulver vermahlen und mit Kupfersulfat vermischt wurde, um Geschwüre und Wunden zu schließen. Doch worum es sich bei „lipis" handelt, ist nicht bekannt.

Aus dem Reich der Pflanzen nennt Pater Cobo über 100 medizinisch nutzbare Gewächse, von denen rund die Hälfte noch nicht identifiziert werden konnte.

Überraschend ist, daß Pater Cobo eine Reihe von Nahrungsmitteln aufzählt, die als Medizinen verwendet wurden. Etwa ein Saft aus Maisblättern. Durch ihn konnte die Heilung von Wunden beschleunigt werden. Die Körner wurden zerstoßen, gekocht und mit einer gegorenen Flüssigkeit vermischt. Daraus wurden Breiumschläge hergestellt.

Gegen die Gicht hat man einen Brei auf Kartoffelbasis gebraut. Erdnußmilch war ein beliebtes Schlafmittel. Bohnenmehl kam gegen die Ruhr zum Einsatz. Zur Linderung unerträglicher Zahnschmerzen hat man den Leidenden Pfeffer empfohlen.

Zahlreiche Arzneien lieferte der Ipecacuana-Baum. Dessen Harz diente, mit einem alkoholischen Getränk gemischt, als Abführmittel, wurde gegen Würmer und als Brechmittel verordnet. In gekochter und pulverisierter Form heilten die damaligen einheimischen Ärzte damit Geschwüre.

Um Durchfallbeschwerden loszuwerden, trank man Koka in Form

eines Aufgusses von Kolablättern (Kolablätter wurden auch von den Azteken als Heilmittel verwendet, ebenso wie Kakao als Medizin genutzt wurde). Der Hauptinhaltsstoff des Kolablattes, das Kokain, sollte nicht nur als Rauschgift zu unrühmlichen Ehren kommen, sondern auch als Grundlage der örtlichen Schmerzbetäubung seinen Siegeszug um die Welt antreten.

Eines der bis vor kurzem noch wirksamsten Malariamittel, das Chinin, hat seinen Ursprung ebenfalls in den Anden. Es wurde aus der Rinde des immergünen Cinchona-Baumes gewonnen. Chinin hat also nichts mit China zu tun, sondern der Name leitet sich von der Bezeichnung dieses Baumes ab. Er heißt volkstümlich auch „Fieberrindenbaum".

Im Inkareich gab es nicht nur anerkannte und „beamtete" Heilkräutersammler, sondern auch herumziehende Apotheker bzw. Heilmittelhändler, die Kräuter und andere Heilung bringende Stoffe anboten. Diese „Wanderhändler in Sachen Gesundheit" waren übrigens bis in die erste Hälfte des 19. Jahrhunderts auch in Europa unterwegs, wie der Medizinhistoriker Professor Christian Probst in seinem lesenswerten Buch „Fahrende Heiler und Heilmittelhändler – Medizin von Marktplatz und Landstraße" zumindest für den engeren deutschen Sprachraum berichtet.

Die indianischen „Wanderapotheker" boten unter anderem auch eine Salbe gegen Krätze an, die aus Tierfett und Schwefel bestand und bis in unsere Tage für den gleichen Zweck verwendet wurde. Zur radikalen Reinigung des Körpers von innen her stand auf ihrer Anbotsliste ein Wurzelpulver, das aus einem Wolfsmilchgewächs, der Euphorbia huachanhana, hergestellt war. Es führte zu Schweißausbrüchen, Durchfall und Erbrechen.

Mit der Medizin der Maya beschäftigen sich neuerdings Ärzte und Botaniker sehr intensiv. Sie versuchen nicht nur durch Gespräche mit traditionellen Heilern ein Inventarium der seit Jahrhunderten genutzten Heilpflanzen aufzustellen, sondern sie analysieren auch die Inhaltsstoffe der überlieferten Inka-Heilpflanzen mit modernsten chemischen Methoden, um deren Heilwirkung auf die Spur zu kommen.

Indianer – damit verbinden die meisten von uns wohl die Abenteuer Winnetous oder die Schlachtrufe der „Rothäute" in US-Western. Über die Medizin der Indianer zu berichten heißt aber, die Medizingeschichte eines ganzen Doppel-Kontinents aufzurollen – von Alaska bis Feuerland.

Ein Abriß dieser Medizingeschichte erfordert ein Umdenken. Begriffe, wie sie für uns geläufig sind, gelten dort nicht oder sind anders zu verstehen. Ein Kenner der Materie, Henri-Roger Plenot, bringt es auf den Punkt: „Da wir einer Kultur gegenüberstehen, in der das Symbolische wichtiger ist als das Wirkliche, kann das deskriptive, beschreibende Vorgehen, wie wir es gewohnt sind, nicht die Eigentümlichkeiten jener Medizin entschlüsseln. Für einen indianischen Heiler ist es nämlich viel wichtiger zu wissen, warum der Kranke ein bestimmtes Leiden ausbildet, als wie dieses Leiden zum Ausdruck kommt."

In fast allen Hochkulturen – und auch in jener der Indianer – wird die Krankheit als Ausdruck eines gestörten Gleichgewichts gesehen. Plenot: „Eine rein medizinische Betrachtungsweise geht am Ethos einer Welt vorbei, die ganz anders ist als die unsrige. Wir werden sehen, daß der indianische Heiler den ganzen Menschen behandelt – Leib und Seele –, ohne einen Unterschied zwischen beiden Bereichen zu machen. Auf diese Weise wird versucht, die von der Krankheit hervorgerufenen Störungen des Gleichgewichts zu überwinden. Es gibt hier keine Grenzen zwischen Natürlichem und Übernatürlichem, den Bereichen, die wir gewöhnlich als grundverschieden ansehen."

Die Indianer hatten nicht nur einen völlig anderen Medizinbegriff, der viel umfassender war als jener der Europäer. Die Grundlagen für sein heilendes Handeln sah der indianische „Doktor" folglich nur zu einem geringen Teil in der Anatomie, Physiologie oder Chemie verankert. Vielmehr ging es ihm um „Sehen", um magischmystische Vorstellungen und Handlungen. Was aber keineswegs heißen soll, daß man nicht wirksame Heilmittel zur Verfügung hatte, die zum Teil jenen der Europäer der Pioniertage (und auch noch durchaus etliche Zeit darüber hinaus) weit überlegen waren.

Die Ausrüstung des „Medizinmannes“ bestand weitgehend aus magischen Gerätschaften. Das Zubehör wurde je nach Art der zu heilenden Erkrankung gewählt. Zum Standard gehörte auch sehr oft (aber nicht immer) ein Beutel mit Medizinalpflanzen.

Ärzte im heutigen Sinn kannte man nicht. Schamanen waren in den meisten Fällen auch gleichzeitig Heiler.

Das Wort „Schamane“ ist tungusischen Ursprungs und bedeutet wörtlich übersetzt: Der sich in den Lüften fortbewegen kann.

Schamanen waren Priester, Seher, Exorzisten, Heiler in einer Person, waren auch Hellseher und Propheten. Dem Schamanen werden Beziehungen zu übernatürlichen Kräften nachgesagt.Der Schamanismus ist so alt wie die Menschheit. Es finden sich schon auf Malereien aus der Steinzeit Darstellungen von Schamanen und deren Riten.

Da die Indianer über die Beringstraße aus Asien in die Neue Welt kamen, haben sie auch ihre Religion, den Schamanismus, von dort mitgenommen. Das stellten jene Völkerkundler fest, die dem Ursprung des Schamanentums in Amerika nachgegangen sind.

In enge Verbindung mit der Welt des Übersinnlichen tritt der Schamane durch ekstatische Trance, die nicht selten durch den Genuß halluzinogener Drogen erlangt wird.

Als Ursache einer Krankheit wird vielfach das Eingreifen einer Gottheit gesehen, die die Verletzung eines Tabus oder die Mißachtung ihr zugeordneter Rituale auf diese Weise bestraft. Es kann aber auch der unheilschwangere Einfluß eines bösen Geistes, der sich der Seele des Kranken bemächtigt, die Hand im Spiel haben. Und schließlich kann es auch ein böser Zauberer sein, der Gesundheit oder Krankheit bewirkt.

Aus dieser Anschauung resultierend ist es einsichtig, daß die wichtigste Aufgabe des Medizinmannes darin besteht, die für die Krankheit verantwortliche Gottheit bzw. den Dämon oder Zauberer ausfindig zu machen. Das ist für den Schamanen aber keineswegs die Suche nach der „Nadel im Heuhaufen“. Vielmehr gibt es für ihn Zusammenhänge zwischen den Attributen der Götter und der Krankheit, die sie geschickt haben.

Der Schamane stellt jedoch nicht nur eine Diagnose, die für die richtige Behandlung der Krankheit wichtig ist, sondern auch eine Prognose über den Verlauf. Die Prognose beruht auf einem einfachen Wahrsageverfahren, wie es sich durch alle Kulturkreise zieht und welches als Mantik bezeichnet wird.

Ein Medizinmann muß also über vielfältige Kräfte verfügen. Wie er diese erlangt, darüber wurde viel (oft Unsinniges) geschrieben. Wir wollen uns an das halten, was der Medizinmann Isaac Tens über seinen Werdegang berichtet. In dieser authentischen Quelle schildert der Indianer unter anderem: „Dreißig Jahre nach meiner Geburt kam die Zeit, wo ich anfing, ein Medizinmann zu sein.“ Und das lief so ab: „Ich ging in die Berge, um Feuerholz zu holen. Während ich das Holz auf die richtige Länge brachte, begann es dunkel zu werden. Bevor ich mein letztes Bündel fertig hatte, brach über mir ein lautes Geräusch los, und mir erschien eine große Eule. Die Eule ergriff mich, mein Gesicht, und wollte mich in die Höhe heben. Ich wurde bewußtlos.“

Diese Eule sollte ihn über die Jahre hinweg begleiten. Zustände von Ohnmacht, Trance, Schwäche folgten einander. Medizinmänner, die sich seiner annahmen und ihn pflegten, führten ihn auch in ihre Tätigkeit ein. Er ging bei ihnen in die Lehre.

Weiße, die die Indianer gut kannten, und auch weiße Ärzte, die sich näher mit den Indianern beschäftigten, mußten mit Erstaunen zur Kenntnis nehmen: Die indianischen Mediziner waren in der Lage, Knochenzersplitterungen „auf geradezu phantastische Weise“ wieder zusammenzufügen, schwere Entzündungen und Vereiterungen zu heilen, Brandverletzungen zu regenerieren. Sie vermochten es sogar, berichtet Heinz Stammle, ein intimer Kenner der Materie, schwerste innere Blutungen zu stillen, die nach allen Prognosen der zeitgenössischen (und in einschlägigen Quellen auch „heroische Medizin“ genannten) Heilkunde tödlich hätten verlaufen müssen.

Zwei Beispiele sollen hier an Stelle vieler anderer veranschaulichen, welch tiefe Kluft in der zweiten Hälfte des 19. Jahrhunderts zwischen der Medizin der sogenannten „Wilden“ und jener der „gebildeten und kultivierten Weißen“ bestand. Man vergleiche:

Indianer gaben an Skorbut leidenden Weißen, derer sie sich erbarmten, Beeren des Elsbeerbaumes zu essen. Und sieh da, die Kranken genasen.

Rund 100 Jahre später konnte aus diesen Früchten Ascorbinsäure (Vitamin C) isoliert werden.

Etwa zur gleichen Zeit wurde von gelehrten Schulmedizinern „Dover's Powder“ empfohlen. Dabei handelte es sich um eine Rezeptur, die ein gewisser Thomas Dover kreiert hatte. Dieses Pulver mußte nach folgender Beschreibung zubereitet werden: „Man mische eine Unze Opiumpulver mit einer Unze Ipecac (Brechwurz, Anm. d. Autors), einer Unze Lakritze, vier Unzen Salpeter und vier Unzen Tartar (Brechweinstein) und verabreiche von diesem Pulver dem Patienten Dosen zwischen 40 und 60 Grains (Anm: Das entspricht 2,6 bis 4,5 Gramm).“ Eine Mischung, die wahrlich für Roßnaturen konzipiert war und dem bedauernswerten Kranken, der sie erhielt, sicherlich das Innerste nach außen stülpte.

Die Indianer trafen übrigens eine sehr genaue Unterscheidung der Heilpersonen und ihrer Funktionen. Da war einmal der Pejuta Wicasa genannte Heiler, der „Mann der Kräuter“. Doch er heilte nicht, wie indianische Experten betonen, mit den Pflanzen allein, er mußte auch die „Kraft zum Heilen“ (sei es das nötige Charisma oder die nötige Spiritualität, gekoppelt mit doch sehr fundierten Kenntnissen der menschlichen Psyche) haben.

Außerdem gab es unter den Heilberufen noch den Priester. In der Indianersprache hieß er „der Gefesselte“, ein Mann, der die Kraft und die Fähigkeit besitzt, heilende Mineralien zu finden. Des weiteren kannte man noch den „Seher“, den Mann der Visionen. Überdies gab und gibt es noch die Beschwörer. Nach Auskunft des anerkannten Heilers Lame Deer „finden sich darunter auch viele Scharlatane“. Eine andere Art von „Medizinmann“ ist der Heilige Clown, Heyoka genannt. Doch der wirkliche Medizinmann, so Lame Deer, „ist der Heilige Mann. Er kann heilen, prophezeien, zu den Kräutern sprechen, die Mineralien bestimmen ... aber das alles ist für ihn ohne große Bedeutung. Es gibt für ihn nur Entwicklungsstadien, die er durchschreitet.“

Professor Virgil J. Vogel, Universität von Oklahoma, hat sich ein Leben lang intensiv mit der Medizin der (nordamerikanischen) Indianer auseinandergesetzt. Er sagt: „Für sehr lange Zeit blieb uns die indianische Medizin wegen unserer Anmaßung anderen Völkern, ‚Wilden‘ gegenüber verschlossen.“ Man sperrte sich auch dagegen, daß einen ein „unzivilisiertes Volk“ etwas lehren könne. Nach vielen Jahrhunderten der Verachtung und Geringschätzung stellte sich dann aber doch heraus, daß viele der indianischen Medikamente und Behandlungsmethoden extrem erfolgreich und für die Genesung des Patienten von großem Wert waren.

Professor Vogel: „Peruanische Indianerstämme kannten die narkotische Wirkung von Kola-Blättern Jahrhunderte bevor 1884 Carl Koller den Wert von Kokain als ein lokales Betäubungsmittel erkannte. Voll tiefer Verehrung für die Heilkunst der Ureinwohner Amerikas hat der Entdecker des Insulins, Dr. Frederick Banting, geplant, ein Buch über die medizinischen Praktiken der Indianer und der Eskimos zu schreiben. Sein viel zu früher Tod hat diesen Plan leider vereitelt.“

Pflanzen, die die Indianer nutzten, um die Eireifung bei der Frau zu unterdrücken und den Menstruationszyklus zu kontrollieren, führten Forscher auf den richtigen Weg, die „Pille“ zu entwickeln.

Rund 170 Arzneimittel, die in den offiziellen Medikamentenschatz der USA aufgenommen sind, wurden schon von Indianerstämmen nördlich von Mexiko verwendet. Und nochmals 50 wurden von den Indianern der Westindischen Inseln, Mexikos, Zentralamerikas und Südamerikas erfolgreich gegen ein breites Spektrum an Krankheiten eingesetzt. Sicherlich sind aber einige hundert weitere Phytotherapeutika von den Indianern verwendet worden, die nicht im Arzneimittelbuch oder von staatlichen Kommissionen erfaßt und damit in den Status eines anerkannten Heilmittels gehoben wurden.

Aber auch jene Arzneien, die von beiden Rassen – den Weißen und den Rothäuten – gleichermaßen eingesetzt wurden, wurden der jeweiligen Kultur und Denkweise entsprechend anders aufbereitet. So kannten die Indianer den in der westlichen Welt weit verbreiteten Vorgang der Destillation überhaupt nicht. Außerdem stimmte die Verwendung eines Arzneistoffes in beiden Kulturkreisen nicht immer überein.

Das gilt zumindest für die Medizinalpflanzen der nordamerikanischen Indianerstämme. Darüber hinaus haben die Indianer aber auch nicht-botanische Heilstoffe eingesetzt. Erstaunlich ist daran, daß das Gros dieser Materialien auch von den weißen Doktoren verordnet wurde – wahrscheinlich geschah das unabhängig voneinander. Von manchen, wie etwa von Kohletabletten, wurde bis in die jüngste Vergangenheit Gebrauch gemacht.

Sehr weit verbreitet unter den Indianerstämmen waren narkotisierende und stimulierende Drogen. Dabei handelte es sich vielfach um Halluzinogene, wie etwa um das aus einem mexikanischen Kaktus gewonnene Mescalin. Aus Pilzen, etwa dem hochgiftigen Mutterkorn, wurden ebenfalls bewußtseinserweiternde Drogen gebraut.

Dieser purpur bis dunkellila gefärbte Pilz schmarotzt auf diversen Getreidesorten. Die Dauerformen dieses Pilzes, die wie kleine Hörner vom Getreide oder Gras abstehen, enthalten medizinisch wichtige Substanzen. Geraten die „Hörnchen" ins Mehl und damit in das Brot, kann das zu schwersten Vergiftungen und bis in den Wahnsinn führen.

Der Apachenhäuptling Geronimo, der einem Journalisten über sein Leben und sein Volk berichtete, sagte: „Die Indianer wußten genau, welche Pflanzen für medizinische Zwecke zu verwenden sind, wie man sie aufbereitet und wie man die Arznei verabreicht. Beim Sammeln, Präparieren und bei der Verabreichung der Medizin wurden Gebete für gleich wichtig gehalten wie der wirkliche Nutzen der Pflanze. Gewöhnlich arbeiteten acht Personen zusammen, um die Medizin herzustellen. Zu jedem einzelnen Schritt gab es entsprechende Zeremonien, Beschwörungsformeln und Gebete. Vier dieser Männer widmeten sich dem Sprechen von Zaubersprüchen und -formeln, vier der Zubereitung des Medikaments."

Geronimo, selbst ein „Seher" und Medizinmann seines Stammes, berichtet in seiner Selbstbiographie über weitere Praktiken des mystisch-magischen Bereichs: „Wenn Krankheiten oder Seuchen gehäuft auftraten, wurden wir von unseren Anführern zusammengerufen und befragt, um herauszufinden, was wir Böses getan haben, und wie Usen, der böse, krankmachende Geist, zufriedengestellt werden könnte."

Eine Frage, die bei allen Kulturen, egal ob hochentwickelt oder auf einer kulturell niedriger stehenden Stufe, egal ob vor Tausenden von Jahren oder heute, eine nicht unbedeutende Stellung einnimmt, ist jene nach der „außerkörperlichen" Ursache der Krankheit. Beispielsweise: Was habe ich getan, daß es gerade mich trifft? Welche Schuld habe ich auf mich geladen, um derart bestraft zu werden?

Dr. med. Maolinn Tiam, Professor für interne und indianische Medizin an der Universität Los Angeles, ist selbst Indianer. Er sagt vom Krankheitsverständnis seines Volkes: „Wir, die uralten Völker, deren Vater der Himmel, deren Mutter die Erde und deren Brüder alle anderen Wesen sind, identifizieren uns mit der ganzen Natur."

Im folgenden einige der indianischen Arzneimittel und Heilpflanzen, deren Wirkung erst viel später wissenschaftlich belegt werden konnte.

Indianische Zahnpaste: Tonerde und stark Vitamin-C-haltige Pflanzensäfte. Damit erzielte man Schutz vor Parodontose und Karies. Als Zahnbürste verwendet wurde die Wurzel des Zürgelbaumes, die man so lange kaute, bis ihr Ende aus bürstenähnlichen Fasern bestand. Mit diesem „Pinsel“ und der vitaminreichen Paste wurden die Zähne gereinigt und gesund erhalten.

Der Cherokee-Heiler Rolling Thunder sagte 1971: „Vitamine bedeuten Leben, eine bestimmte Lebenskraft, die nicht synthetisch hergestellt werden kann. Viele unterschiedliche Dinge mögen den Menschen unter dem Mikroskop gleich erscheinen, aber es gibt mehr, als das Auge allein erfassen kann. Es wird sich sicher noch ein Weg finden, diesen Unterschied zwischen natürlichem und synthetischem Vitamin C sichtbar zu machen.“ Was rund ein Jahr später auch tatsächlich gelang. Am 6. Mai 1972 berichtete der Biochemiker Justa Smith auf einer Tagung folgendes: „Im Zuge gaschromatographischer Untersuchungen hat sich herausgestellt, daß natürliche Ascorbinsäure ein völlig anderes Muster bildet als künstlich hergestelltes Vitamin C. Was das für die Wirkung der Substanz zu bedeuten hat, ist allerdings nicht geklärt.“

Weitere Tips zur Zahnpflege: Nach dem Zähneputzen wurde mit kalten, warmen oder heißen Kräuterauszügen nachgespült. Das war eine mehrfach täglich geübte Gepflogenheit.

Das Kauen von Kaugummi war eine weitere Methode der Mund- und Zahnhygiene. Die Indianer sind nämlich die Erfinder des Kaugummis. Die am häufigsten für dessen Herstellung herangezogenen Pflanzen sind: Zuckerkiefer, Balsamtanne, Schilfrohr, Amberbaum, Kompaßpflanze und Becherpflanze. Die harzigen Schleimstoffe, die diese Pflanzen enthalten, sind nicht nur von erfrischendem Geschmack, sie enthalten auch zahlreiche wirksame Stoffe wie Vitamine und antibakterielle Substanzen. Die „Indianer-Kaugummis“ wirkten aufgrund dieser Ingredienzien erfrischend, speichelanregend und durch ihre antibakteriellen Eigenschaften keimtötend.

Indianer-Medizin bei Frauenleiden: Für Menstruationsprobleme kannte die indianische Heilkunst eine Fülle an erprobten Mitteln. Gegen Brustschmerzen während der Regelblutung verwendete man zum Beispiel Blutwurzel-Tee. Hier das Rezept:

Ein gestrichener Teelöffel des Wurzelpulvers (der Fachname der Pflanze ist Sanguinaria) auf knapp einen halben Liter Wasser, eine halbe Stunde kochen lassen, abseihen, erkalten lassen, drei- bis sechsmal täglich einen Teelöffel voll zu sich nehmen.

Bei verspätet eintretender Menstruation wurde Maisseiden-Tee verwendet.

Das Rezept: Ein Teelöffel voll der gehackten Haarfäden dieser Pflanze (Stigmata maydis) auf eine Tasse kochendes Wasser, 15 Minuten ziehen lassen, abseihen, alle drei bis vier Stunden eine Tasse trinken.

Ebenfalls bei dieser Indikation setzte man Mutterkraut (Chrysanthemum parthenium) ein.

Rezept: Ein Teelöffel getrocknete Blüten auf eine Tasse kochendes Wasser, eine halbe Stunde ziehen lassen, täglich zwei Tassen in kleinen Schlucken trinken.

Als nützlich erwies sich auch Helmkraut-Tee (Scutellaria lateriflora).

Rezept: Ein Teelöffel auf eine Tasse kochendes Wasser, 20 Minuten ziehen lassen, täglich ein bis zwei Tassen in kleinen Schlucken trinken.

Zur Linderung von Menstruationsschmerzen verwendeten Indianerinnen Knospen, Rinde und Beeren des Fieberstrauchs (Lindera benzoin), aus denen sie einen milden Tee brauten, der schwache Blutungen verstärkte, zu starke abschwächte und die Regel insgesamt stabilisierte.

Blieb die Regelblutung aus, wurden Bittersüß und Baumwollwurzel verwendet, um das physiologische Geschehen einzuregulieren. Bittersüß (Solanum dulcamara) ist eine Verwandte unserer Kartoffel.

Rezept: Ein Teelöffel pulverisierte Trockensubstanz von der Wurzel- und Astrinde auf einen knappen halben Liter kochendes Wasser, eine halbe Stunde ziehen lassen. Davon gab man einen Teelöffel in eine Tasse heißes Wasser und trank das zwei- bis dreimal täglich.

Die Wurzel des Baumwollstrauches wurde folgendermaßen angewendet: 100 Gramm der inneren Wurzelrinde zerkleinert auf einen Liter Wasser. Das Ganze durch Einkochen auf einen halben Liter bringen. Hiervon ist jede halbe Stunde ein Becher voll zu trinken.

Die meisten Indianerstämme kannten und wendeten aufgrund ihrer Einstellung zur Natur – die Bevölkerungszahl muß im Einklang mit dem vorhandenen Lebensraum stehen – die Geburtenkontrolle an. Dafür standen zahlreiche pflanzliche Verhütungsmittel zur Verfügung.

Bei zeitweiliger Sterilität wurden verwendet:

Hundsgift (Apocynum androsaemifolium) als Wurzelabkochung.

Feuerkolben (Arisaema triphyllum); die Hopi-Indianer nutzten den Absud der pulverisierten Wurzel.

Haselwurz (Asarum canadense). Eingesetzt als Wurzel- und Wurzelstockabkochung.

Die Schierling-Kaladie (Caladium seguinum) wurde als „Verhütungsmittel für den Mann" verwendet, denn diese Pflanze soll die Samenbildung bei Männern verhindern.

Außerdem: Seidenpflanze, Gehörnte Seidenpflanze, Geschlitztes Lumpenblatt, Indianerpinsel, Wasserschierling, Wollknöterich, Rehzunge, Steinsame, Rosmarin, Meerwermut, Schattenblume, Distel (Carduus benedictus), Stinkkohl (Symplocarpus foetidus).

Die Wilde Yamswurzel, in Südamerika beheimatet (Azteken nannten sie in ihrer Sprache „die anmutige Pflanze"), und die in Nordamerika gedeihende Yamswurzel waren gut bekannte und viel verwendete Verhütungsmittel. In entsprechend hoher Dosierung dienten sie auch der Abtreibung. Ihnen wurde auch ein Einfluß auf die Bildung des männlichen Sexualhormons Testosteron zugeschrieben.

Moderne Pharmakologen haben, das sei hier am Rande vermerkt, aus der Yamswurzel jene Stoffe isoliert, die auch in der „Pille“ enthalten sind.

Pflanzenanwendungen in der Geburtshilfe:

Zur Einleitung und Verkürzung der Wehen gab es mehr als ein halbes Dutzend Pflanzen. Beispielsweise wurden die Blätter des Sumach-Baumes (Rhus glabra) für diesen Zweck verwendet. Die Blätter wurden getrocknet und zu einem Pulver zermahlen, ebenso die getrocknete Wurzel der Maryland-Kassie (Cassia marilandica). Beide Pulver, gemeinsam mit der doppelten Menge Sumach-Beeren, in warmem Wasser ausgezogen, bildeten die eigentliche Arznei. Als Dosierung wurde empfohlen: dreimal täglich vor dem Essen je ein Eßlöffel des Warmauszugs.

Des weiteren sind in alten Rezepten enthalten: Balsampappel (Populus balsamifera), Virginia-Traubenkirsche (Prunus virginiana), Blumenhartriegel (Cornus florida). Aus einer Mischung der pulverisierten Rinde dieser drei Bäume zu gleichen Teilen haben die Catwba-Indianer einen Aufguß hergestellt, der etwa ab zwei Wochen vor der ersten Niederkunft regelmäßig in kleiner Dosierung verabreicht wurde.

Ein Absud des getrockneten Wurzelstocks der Blutwurz (Sanguinaria canadensis) wurde wenige Tage vor der erwarteten Niederkunft in kleinen regelmäßigen Dosen getrunken.

Die Alabama-Indianer und die Koasati haben den Schwangeren gekochte Baumwollwurzeln (Gossypium hirsutum) als Tee drei bis vier Tage vor der erwarteten Ankunft des Nachwuchses in kleinen regelmäßigen Dosen verabreicht.

Vielseitige Verwendung – nicht nur in der Geburtshilfe – fand der Feigenkaktus (Opuntia) mit seinen vielen Arten. Die geschälten Blätter wurden getrocknet, gemahlen und mit Wasser vermischt als Getränk in regelmäßigen Intervallen ab etwa 24 Stunden vor dem Wehenbeginn genommen.

Zur Babypflege verwendeten viele Indianerstämme getrocknete

und pulverisierte Bovist-Pilze (Lycoperdon). Sie nutzten das Pulver nicht nur als Badezugabe – und das zu einer Zeit, als man in Europa erst sehr spärlich mit Badewannen ausgestattet war und überhaupt die Körperhygiene zu wünschen übrig ließ –, sondern verwendeten es auch als Körperpuder, um Schorfbildung zu verhindern.

Als Badekräuter wurden am meisten verwendet: Rentiermoos (Cladonia rangiferina), Christophuskraut (Actaea rubra) und Goldkeule (Orontium aquaticum).

Eine nicht unbeträchtliche Zahl von Müttern in den Industrieländern verfügt über zu wenig Milch für die Ernährung ihrer Babys. Für das heranwachsende Kind ist Muttermilch aber ganz entscheidend. Denn mit der Milch aus der Mutterbrust bekommt es auch die nötigen Abwehrstoffe, um mit Krankheitserregern besser fertigwerden zu können.

Daher haben natürlich auch die Indianer der Förderung versiegter Milchsekretion großes Augenmerk zugewendet. So erhielten schwangere Indianerinnen schon vor der Niederkunft milchfördernde Teezubereitungen und spezielle Diäten, die auch gleichzeitig wirkungsvoll waren gegen Brustentzündungen.

Die am häufigsten (und erfolgreichsten) angewendeten indianischen Kräuter zur Milchförderung sind:

Weißes Christophuskraut (Actaea alba); aus den Blättern dieser Pflanze und heißem, nicht kochendem Wasser wurde ein Tee gebraut, der den ganzen Tag über in kleinen Schlucken getrunken werden sollte.

Ähriger Lattich (Lactuca spicata); der Absud gekochter Blätter wurde als Tee verabreicht. Stark verdünnt wurde auch der Giftlattich (Lactuca virosa) in Form eines Blätterabsudes gegeben. Dosierung: ein Teelöffel auf eine Tasse warmes Wasser.

Des weiteren setzten Indianerinnen zur Förderung der Milchproduktion amerikanisches Edelweiß (Euphorbia marginata) ein. Diese sehr giftige Wolfsmilch-Art war vor allem bei den Zuni-Indianern gebräuchlich, freilich nur bei entsprechend vorsichtiger Dosierung:

Vier Messerspitzen voll kamen in eine Tasse mit warmem Maismehlbrei. Die werdende Mutter sollte diese Menge einen ganzen Tag und eine ganze Nacht lang in kleinen Bissen zu sich nehmen.

Das unter den Indianern am weitesten verbreitete milchfördernde Kraut war das Skelettkraut (Lygodesmia tenuifolia). Die Cheyenne-Indianer nannten es wegen seiner prompten Wirkung „Milchmedizin". Ein Warmauszug aus seinen Blättern wurde als Tee getrunken.

Inhalationen und Schwitzkuren nahmen bei den Indianern breiten Raum ein. In eigens dafür errichteten Schwitzhäusern oder -gruben atmeten sie die Dämpfe von Kräutern ein. Je nach Art der Erkrankung, der Symptome und der angestrebten Wirkung wurde zwischen der Anwendung direkt verkohlter Pflanzen oder der Inhalation in Wasser, das man über glühende Steine goß, unterschieden.

Inhalationen wurden vor allem angewandt bei Erkrankungen und Beschwerden des Atmungstraktes, ebenso bei Kopfschmerzen jeglicher Art, zur Heilung bzw. Linderung von Ohren- und Zahnweh, Muskelverspannungen, rheumatischen und arthritischen Beschwerden und Augenkrankheiten.

In bezug auf Massagen haben Indianer über verblüffende Erkenntnisse verfügt. Es gab sogar, wie aus alten Berichten hervorgeht, Spezialisten für dieses Gebiet. Massagen wurden nicht nur zur Beseitigung von Verspannungen eingesetzt. Sie waren ein nicht unbedeutender Teil der allgemeinen Gesundheitspflege.

Massagen wurden vor allem vor und nach großen anstrengenden Unternehmungen täglich zur Lockerung der Muskulatur durchgeführt und um die Durchblutung zu fördern sowie „den Geist zu erfrischen". Hand in Hand damit ging auch die Anwendung von Salben und Ölen tierischer oder pflanzlicher Herkunft..

Einige Beispiele dafür sind: Präriehundeöl, Bärenfett und das Fett von wilden Truthühnern. Eingesetzt wurden aber auch die Öle gepreßter Samen.

Im Gegensatz zu manchen heute gebräuchlichen Praktiken des

„Durchknetens“ und schmerzhaften Bearbeitens der Haut wendeten die Indianer, wie Weiße berichteten, die sich ihnen anvertrauten, durchwegs sanfte Massagetechniken an. Bei den Cherokesen scheint eine punktuelle Tiefenmassage ausgeübt worden zu sein. Dazu benutzten die indianischen Masseure nur die Spitze des Zeigefingers, der in schnelle, sanfte Vibrationen versetzt wurde.

Wie englische Reisende und Geschäftsleute berichten, soll diese Art der Massage vor allem bei Hexenschuß wahre Wunder gewirkt haben.

Indianerexperte Stammel: „Es gibt ebenfalls Hinweise darauf, daß eine Art Ganzkörpermassage bei kataleptischen Beschwerden (zwanghaftes Beibehalten von oft auch sehr unbequemen Stellungen, Bewegungsunfähigkeit in dieser Stellung) angewendet wurde.“

Indianische Heiler verstanden sich auch vorzüglich auf das Einrenken von Nacken-, Rücken- und Lendenwirbeln. Schlimme, beinahe unerträgliche Schmerzen, so Augenzeugen, seien nach einer derartigen Behandlung „wie weggeblasen“ gewesen. Es wurde also auch jene Disziplin, die später den Namen Chiropraktik oder – wie sie heute genannt wird – Manuelle Medizin erhalten hat, sehr erfolgreich praktiziert.

Diesen Dienst haben auch hohe Offiziere der US-Armee während der Indianerkriege in Anspruch genommen. Ein Zeitgenosse, der das am eigenen Leib erlebt hat, schildert: „Sie kennen sich darin aus, die skelettstützende Muskulatur bei Verrenkungen zu entspannen. In Fällen, bei denen sie nicht sofort Erfolg haben, verursachen sie beim Patienten in einem höchst qualvollen Grade Brechreiz und haben dann nur noch geringe Schwierigkeiten, einen Knochen wieder einzurenken.“

Heinz Stammel fügt dem hinzu: „Das erscheint heutigen Orthopäden und Chiropraktikern einigermaßen erstaunlich, wenn man in Betracht zieht, daß zu solchen Methoden fundierte Kenntnisse des menschlichen Körpers, vor allem der Wirbelsäulenkonstruktion, des Verlaufs von Nervenwurzeln, der gesamten Stützmuskulatur etc.

gehören – eine Voraussetzung, die Indianerheiler wegen ihres geringen anatomischen Wissens eigentlich nicht erfüllen konnten."

Verrenkungen wurden – um ein weiteres Beispiel zu nennen – bei diversen Apachenstämmen folgendermaßen behandelt: Zuerst wurde die betroffene Umgebung – Haut und Muskeln – mit Pflanzensäften massiert. Dadurch wurden Hautrötungen und eine in die Tiefe gehende Erwärmung des Gewebes erzielt. Erst danach nahmen die dafür zuständigen Spezialisten die Einrenkung vor. Nach dem Einrenken folgte eine Einreibung mit schmerzstillenden Säften und anschließend eine Bandage.

Andere Indianerstämme behandelten die durch das Aus- oder Einrenken entstandenen Schmerzen mit Breiumschlägen aus heißer roter Tonerde oder der Bärentraube. Von dieser Pflanze (Arctostaphylos uva ursi) wurden alle über der Erde wachsenden Teile abgeschnitten und in einen Kochtopf gegeben. Der Absud davon wurde als Tee verwendet, die nassen Blätter zerdrückt als Breiumschlag aufgelegt. Die zerkaute Rinde der Weißesche war ebenfalls als Breiumschlag sehr geschätzt.

Von den „Rothäuten" wurden zur äußeren und inneren Blutstillung eine Fülle mineralischer, tierischer und pflanzlicher Mittel verwendet. Bei fast allen Indianervölkern galten Spinnweben als blutstillend und antiseptisch. Da dieses „Heilmittel" praktisch überall zur Verfügung stand, wurde es entsprechend häufig angewendet. Etwa als Mehrschichtauflage auf die Wunde. Bei oberflächlichen Verletzungen wurden angeblich damit durchtrennte Blutgefäße zugestopft.

Zur Wundbehandlung verwendete Pflanzen: Hundszahn (Erythronium americanum); zerquetschte Blätter wurden drei- bis viermal täglich auf die Wunde gelegt. Seltener wurde zusätzlich zu dieser Behandlung ein aus den Blättern des Hundszahns bereiteter Tee (einmal täglich) verordnet.

Gundelrebe (Glecoma hederancea), deren zerquetschte Blätter auf eine frische Wunde aufgelegt wurden, förderte Blutstillung und rasche Heilung.

Weit verbreitet war die Anwendung von Arnika-Arten wie Arnica montana. Dieses Kraut setzten aber nur wirklich erfahrene Heiler ein. Sie warnten ausdrücklich davor, es von Unerfahrenen anwenden zu lassen. Bei inneren Blutungen wurden ein bis zwei Teelöffel der Blüten auf eine Tasse kochendes Wasser gegeben, zehn Minuten ziehen gelassen und abgeseiht. Dieser Tee wurde kalt in Gaben von nur fünf Tropfen verordnet. Handelte es sich hingegen um äußere Blutungen, wurden Leinentücher mit der genannten Teezubereitung getränkt und auf die Wunde gelegt.

Für die gleichen Zwecke haben die Omahas und Poncas die Wurzel der Anemone verwendet. Sie verrührten den Saft der zerquetschten Wurzel mit ein wenig kochendem Wasser zu einem Brei, den sie zwecks Blutstillung und wegen seiner antiseptischen Eigenschaften auf die Wunde auflegten.

Die Alraunwurzel (Heuchera americana) wurde bei einigen Indianerstämmen zu Pulver zerrieben; sie behandelten blutende Wunden damit wie mit einem Wundpuder.

Auch die Wurzel der Berberitze (Berberis vulgaris) diente als Wundheilmittel. Sie wurde zu Brei zerkaut auf frische blutende Wunden aufgelegt. Gleichzeitig wurde ein Tee aus Wurzeln, Rinde und Beeren dieser Pflanze getrunken.

Die Liste weiterer zur Wundbehandlung bei den einzelnen Stämmen eingesetzter Pflanzen ist lang. Die am häufigsten verwendeten Gewächse waren Bärlapp (Lycopodium clavatum), Frauenhaarfarn (Adiantum pedatum), dessen Wedel die Indianer auf Kriegs- und Jagdzügen als Wundversorgungsmittel vor Ort mit sich führten, Storchschnabel (Geranium maculatum), Bovist (Lycoperdon maximum), Teichrose (Nuphar advena), Wegerich (Plantago major), Salomonsiegel (Polygonatum commutatum), Johanniskraut (Hypericum ascyron) und Zaubernuß (Hamamelis virginica).

Zum Erstaunen der Europäer kannten die Indianer Möglichkeiten, Verbrennungs- und Verbrühungswunden nicht nur innerhalb relativ kurzer Zeit zur Abheilung zu bringen, sie wußten auch entstellende Narben zu vermeiden.

Beispielsweise wurden Verbrennungen (aber auch Frostbeulen) mit einem Absud von Buchenblättern behandelt und mit zu Brei vermahlenen Blättern aus dem Auszug.

Dem gleichen Zweck diente der Maisbrei, der, durch Aufquellen getrockneten Maismehls hergestellt, auf Verbrühungen aufgelegt wurde, aber auch auf Abszesse, bis diese „reif" waren und man sie mit einer Lanzette öffnen konnte.

Der Gemeine Stechapfel, Datura, dessen zerdrückte Wurzel verwendet wurde, diente als schmerzstillende Auflagenkompresse bei Verbrennungen und Verbrühungen.

Aus den Eicheln der Weißeiche haben Indianer ein Öl gepreßt, das als Grundbestandteil vieler Mittel gegen Verbrennungen und Verbrühungen verwendet worden ist.

Der in vielen europäischen Parkanlagen wegen seiner schönen Blüten geschätzte Tulpenbaum (Liriodendron) hatte ebenfalls für die Behandlung von Verbrennungen und Verbrühungen einige Bedeutung. Aus seinen Blütenknospen wurde durch spezielle Zubereitung eine Salbe hergestellt, die jene Harzstoffe enthielt, die dafür sorgen, daß sich keinerlei Keime auf der Knospe ansiedeln können. Diese Salbe, auf die betreffenden Hautstellen aufgetragen und mit den Blättern der Pflanze abgedeckt, soll, wie Augenzeugen berichten, wahre Wunder vollbracht haben.

Tabakblätter, Kalmus, Wunderblume, Schachtelhalm, Lindenrinde, Kugelmalve, Salbei, Bittersüß, Klette, Beinwell, Primel, Kegelblume, Holunder, Schwarzer Nachtschatten, Hundszunge, Wegerich, Johanniskraut und Sauerampfer sind weitere Exponenten der Flora, von denen Teile (Blätter, Rinde, Wurzel, Blüten) in unterschiedlicher Zubereitung gegen Verbrennungen und Verbrühungen eingesetzt wurden.

Die einzelnen Indianerstämme kannten eine große Zahl von Mitteln, um Schmerzen, Schwellungen und weitere Folgen von Insektenstichen zu bekämpfen. Auch wurden zum Beispiel gut gekaute und in ein wenig Wasser ausgezogene Tabakblätter als Repellent

(Abwehrmittel) eingesetzt. Mit diesem Saft eingerieben blieb der Körper vor Insekten geschützt.

Tabak hatte über die Heilzwecke hinaus immer auch eine sakrale Bedeutung. Der Rauch, der aus der Pfeife entströmte, wurde nach Osten und Westen, nach Norden und Süden, nach oben und unten geblasen und zuletzt gegen den Körper. Als Symbol für die Verbindung zwischen dem Selbst und dem Kosmos. Beeman Logan, ein heute lebender Medizinmann der Seneca-Indianer, sagte einmal über den weißen Mann: „Der Tabak tötet ihn, weil er ihn nicht achtet."

Praktisch alle Indianerstämme Nordamerikas nutzen die auf diesem Kontinent reichlich vorkommende Sonnenblume mit allen ihren Teilen, die einzeln oder miteinander vermischt zum Einsatz kamen, und behandelten mit diesen Säften Insektenstiche, Skorpionstiche und die Bisse giftiger Spinnen. Aus den Blüten der Goldrute machten die Meskwaki einen Auszug, mit dem sie Bienen- und Wespenstiche therapierten.

Heuschnupfen bekämpften Indianer mit Blütenpollen. Regelmäßige Gaben davon schienen eine Langzeitwirkung zu haben. Zwei gehäufte Teelöffel voll wurden davon täglich genommen. Diese „Medizin" wurde langsam und gründlich zerkaut. Der Erfolg dieser Kur stellte sich allerdings nicht sofort ein. Erst nach sechs bis zehn Monaten ließ sich die Wirkung erkennen – dann aber anhaltend.

Weitere Anti-Heuschnupfen-Rezepte aus der „Apotheke Manitous": Ein Teelöffel von zerkleinerten, getrockneten Blattknospen der Zitterpappel auf eine Tasse kochendes Wasser. Davon ein bis zwei Tassen täglich trinken.

Auch mit Auszügen aus Huflattich wurden Trinkkuren veranstaltet. Dazu nahm man einen Teelöffel der Blätter dieser gut bekannten und auch bei uns heimischen Pflanze auf eine Tasse kochendes Wasser. Das Ganze mußte eine halbe Stunde ziehen. Vor dem Schlafengehen, so wurde empfohlen, eine halbe Tasse davon trinken oder dreimal einen Mund voll täglich beziehungsweise je nach Anfallsschwere bis zu zwei Tassen täglich.

Gegen zu niederen Blutdruck (Hypotonie) wußte die indianische Medizin eine Fülle von pflanzlichen Heilmitteln. Unter anderem verwendete man auch Erdbeerblätter: Ein Teelöffel zerkleinerte getrocknete Blätter auf eine Tasse kochendes Wasser, dieses Gemisch eine Viertelstunde ziehen lassen. Vier bis fünf Tassen täglich wurden von den Medizinmännern empfohlen.

Dem Bluthochdruck (Hypertonie) wurde hingegen mit dem Germer entgegengewirkt. Verwendet wurde der Wurzelstock. Zubereitung und Dosierung: 250 bis 500 Gramm getrocknete Wurzel in 80prozentigen Alkohol legen, zwei Wochen lang stehen lassen, auspressen und filtern. Die Dosis von anfangs acht Tropfen soll alle drei Stunden um ein bis zwei Tropfen erhöht werden, bis der Puls auf 65 bis 70 zurückgegangen ist und der Blutdruck sich normalisiert hat. Keinesfalls sollte man aber über 15 Tropfen gehen, warnen die erfahrenen indianischen Heiler.

Das Tausendgüldenkraut wurde als ganzes zur Blutdrucksenkung verwendet. Zur Bereitung der Medizin braucht man einen Teelöffel getrocknetes Kraut auf eine Tasse kochendes Wasser. Der bittere Geschmack läßt sich durch Zugabe von Anis, Kardamom, Pfefferminze oder Fenchel mildern.

Zur Blutdrucksenkung diente auch eine Unze (31,1 Gramm) von den Spitzen und Blättern des Ysop, die in einem halben Liter heißem Wasser 15 Minuten lang ziehen sollten. Drei- bis viermal täglich ein Glas voll galt als richtige Dosierung.

Die Praktik, Pflanzen oder deren therapeutisch genutzte Teile vor der Zubereitung zu Brei zu zerkauen, ist biologisch durchaus sinnvoll, denn der Speichel enthält antibakterielle Substanzen. Und nach wie vor gilt der einfache Rat, einen Insektenstich sofort mit Spucke zu behandeln. Tiere, die ihre Wunden belecken, tun es ebenfalls, weil der Speichel antibiotische Stoffe enthält und damit einen nicht unbeträchtlichen Schutz vor Infektionen bietet.

Was auch heute noch die Heilpflanzen aus dem Medizinschatz so herausragen läßt: Viele von ihnen enthalten Stoffe, die bisher von den Chemikern nicht nachgebaut werden konnten. Und die meisten der traditionell angewendeten Zubereitungen erweisen sich als wirklich heilkräftig; sie können strengsten Überprüfungen standhalten. Aber eines wird doch immer wieder von den westlichen Phytotherapeuten vergessen: Es sind nicht die Inhaltsstoffe der Gewächse allein, die heilen. Sie mögen zum Kurieren ausreichen, für eine Heilung sind sie aber oftmals doch zu wenig wirksam. Zur Heilung gehört auch die Seele – die Indianer wußten es, viele andere Kulturen vor ihnen auch.

Der Mensch des High-Tech-Zeitalters könnte von diesem „alten Wissen" nur profitieren, würde er sich ernsthafter und einfühlsamer damit beschäftigen, als das heute noch auf weite Strecken der Fall ist.

9. Kapitel

Paracelsus und Hahnemann

Auf jahrtausendelange Erfahrung aufzubauen und in genialer Sicht dieses Wissen zu erweitern und zu vertiefen – dieses Verdienst gebührt zwei Männern, die im Charakter einander ähnelten und die zu ihrer Zeit genauso intolerant bekämpft, abgelehnt und verlacht wurden, wie das teilweise noch heute geschieht: Paracelsus und Hahnemann, der Erfinder der Homöopathie. Hahnemann hat 350 Jahre nach der Geburt des Paracelsus das Licht der Welt erblickt. Als Paracelsus geboren wurde, stieß Kolumbus auf seiner zweiten Seereise zu neuen, unbekannten Welten vor, gleich wie es Paracelsus – allerdings auf ganz anderem Gebiet – tun sollte. Es ist aber auch der Zeitpunkt, zu dem die Araber endgültig aus Europa vertrieben wurden, das Volk, das das Wissen der griechisch-römischen Medizin über Europa verbreitet hatte.

Paracelsus, beinahe ein Leben lang unterwegs, gehetzt, verjagt, angepöbelt, verlacht, zahlt mit gleicher Münze zurück. Er schlägt wild um sich, beschimpft Kollegen, die „Schulmedizin", zieht über die medizinischen Lehrbücher seiner Zeit her, über die Kapazitäten der Antike, deren Lehren an den Universitäten dogmengleich vorgetragen werden. Auf seinen vielen Reisen hat er aber „in all den enden und ortern fleißig und empsig nachgefragt, erforschung gehapt, gewisser und erfarner warhaften künsten der arznei. nicht alein bei den doctoren, sondern auch bei den scherern, badern, gelerten erzten, weibern, schwarzkünstlern so sich des pflegen, bei den alchimisten, bei den klöstern, bei edlen und unedlen, bei den gescheiden und einfeltigen…“ Er hat also, wie er schreibt, jede sich ergebende Gelegenheit genutzt, sein Wissen zu erweitern. Dabei scheute er sich nicht, auch Weisheiten der Volksmedizin zu erfragen und kritisch zu prüfen. Die Arznei, schreibt Paracelsus an anderer Stelle, ist von Gott geschaffen, den Kranken zu helfen, und nicht für die Ärzte, um Schätze anzuhäufen.

Paracelsus in seiner aggressiven, intoleranten, streitsüchtigen Art war den Universitäten und dort tätigen gelehrten Ärzten (die ihn nicht verstanden und auch nicht verstehen wollten) ein derartiger Dorn im Auge, daß zum Beispiel an der Pariser Universität ein Erlaß erschien, der es verbot, unter Androhung der Zurückziehung des Doktorgrades, die Heilmittel des Paracelsus an Menschen anzuwenden. Was diesen Männern ganz besonderen Ärger bereitete: Paracelsus verfaßte seine Schriften nicht in Latein, der Sprache der Gelehrten, sondern in volksnahem (und auch zeitweise recht deftigem) Deutsch.

Diese energische Ablehnung durch die gelehrten Ärzte wird verständlich, wenn man bedenkt, daß Paracelsus der festen Überzeugung war und mit ihr auch nie hinter dem Berg hielt, daß „nicht Titel und Beredsamkeit, nicht Sprachkenntnis, nicht die Lektüren zahlreicher Bücher … Erfordernisse eines Arztes sind, sondern die tiefe Kenntnis der Naturdinge und Naturgeheimnisse, welche einzig und allein alles andere aufwiegen.“

Das Licht der Natur unterweise den Arzt, sagte Paracelsus. Was für seine Zeitgenossen ein kräftiger Schlag ins Gesicht war, denn für sie manifestierte sich wahre Gelehrsamkeit darin, die Nase möglichst lange in Bücher zu stecken und die Autoren des klassischen Altertums nachzubeten, den Blick aber keinesfalls der Natur zuzuwenden. Die lautstarke Empörung der akademischen Zeitgenossen gipfelte in einem Spottgedicht über Paracelsus, in dem es heißt:

„Verrecken will ich, wenn du würdig bist, dem Hippokrates das Nachtgeschirr nachzutragen.

Oder meine Schweine zu hüten, du Taugenichts!.....

Am besten ist für dich ein Strick, an dem du dich aufhängen kannst, nachdem man deine Windbeutelei erkannt hat."

Die Gegner blieben, wie dieses Beispiel zeigt, dem wortgewaltigen und ebenfalls in der Wortwahl nicht zimperlichen Arzt und Universitätsprofessor Theophrastus Bombastus von Hohenheim, genannt Paracelsus, nichts schuldig.

In diesem Gedicht wird er auch als „Dreckschwätzer" bezeichnet, Cacophrastus, so tief sitzt der Haß seiner Berufskollegen.

Paracelsus war, sieht man von den engstirnigen Streitereien und Beflegelungen einmal ab, den Ärzten seiner Zeit meilenweit voraus. Er wird nicht nur als Begründer der Bäderheilkunde angesehen, Paracelsus legte auch den Grundstein zur Toxikologie (Giftkunde), zur Chemotherapie und zur Arbeitsmedizin, indem er Berufskrankheiten richtig als solche erkannte und sie zu heilen suchte. In seiner Abhandlung über die Heilmittel stellt er fest: Nur der verachtet das Gift, der es nicht kennt. Dem folgt der bis heute als geflügeltes Wort kursierende Kernsatz: „Alle Dinge sind Gift, und nichts ohne Gift. Allein die Dosis macht, daß ein Ding kein Gift ist."

Dieser Satz wird bei dem zweiten großen Revolutionär der Medizin, dem Arzt und Apotheker Dr. Samuel Hahnemann, zu der entscheidenden Säule seiner Lehre. Denn er erkennt und arbeitet auch mit der Erkenntnis, daß Gifte in der richtigen Verdünnung Heilmittel sein können. Was in der modernen Medizin – siehe zum Beispiel Herzglykoside – eine stehende Praxis ist. Doch der Homöopathie wird das in weiten Ärztekreisen immer noch nicht geglaubt.

Von der Alchimie sagt Paracelsus: „Der ist schuldig, der sie nicht richtig kennt, der sie nicht recht gebraucht, aber nicht die Alchimie als solche."

Ganz entscheidend war für ihn: Krankheiten heilt der „innere Arzt", es sind also die körpereigenen Kräfte in erster Linie dafür zuständig und verantwortlich. Erst dann, wenn diese nicht mehr zu Rande kommen, kommt der „äußere Arzt" zum Zug, also das Medikament.

Ein weiterer entscheidender und auch heute noch wenig beachteter Grundsatz des Paracelsus lautet: „Wie kann man Krankheiten, die in Deutschland auftreten, mit Arzneimitteln heilen wollen, die Gott am Nil wachsen läßt?“ Er setzte also vorwiegend auf Heilpflanzen und -mittel, die er den örtlichen Verhältnissen entsprechend gewann und nutzte.

Auf seinen Grabstein ließ Paracelsus in lateinischer Sprache einmeißeln: „Hier ruht begraben Philippus Theophrastus, der ausgezeichnete Doctor der Medizin, der jene argen Wunden, Aussatz, Podagra, Wassersucht und andere unheilbare Krankheiten heilte und all sein Gut unter die Armen verteilte.“

Bevor wir kurz auf die Homöopathie eingehen, sei an den Anfang ein Kernsatz von Hahnemann gestellt: „Des Arztes höchster und einziger Beruf ist, kranke Menschen gesund zu machen, was man Heilen nennt.“

Hahnemann wurde am 10. April 1755 in Meißen geboren, ist am 2. Juli 1843 in Paris gestorben und am Friedhof Montmartre begraben, wurde später jedoch auf dem Friedhof Père Lachaise beigesetzt.

Er sprach fließend Englisch, Italienisch und Französisch. Seine Übersetzertätigkeit führte ihn zur Homöopathie. Im Zuge dieser Tätigkeit brütete er gerade über „Abhandlungen über die materia medica“ des berühmten englischen Arztes Cullen. Da kamen ihm Zweifel über die Richtigkeit einer zu übersetzenden Stelle. Darin befaßte sich Cullen mit der Wirkung der Chinarinde gegen Malaria. Um herauszufinden, ob sich Cullen wirklich geirrt hatte und seine – Hahnemanns – Zweifel berechtigt waren, machte er einen Selbstversuch, der als „Chinarindenversuch“ in die Medizingeschichte eingehen sollte.

1796 taucht bei ihm erstmals die Formulierung „similia similibus“ auf, die „Ähnlichkeitsregel“, die das Rückgrat der Homöopathie bildet. Dem voran gingen jahrelange Versuche mit Arzneimitteln. Und in diese Theorie flossen auch die Erkenntnisse ein, die er durch seine Versuche mit der Chinarinde gewonnen hatte. Nämlich, daß

Stoffe, die ein Fieber erregen (wie die Chinarinde), das ganz ähnlich dem Krankheitszustand der Malaria ist, diese Krankheit auch heilen können. 1796 wird daher als das „Geburtsjahr" der Homöopathie angesehen.

Über den Chinarinde-Selbstversuch, der ihn auf die Spur des Simile-Prinzips brachte, schreibt der Gründer der Homöopathie: „Ich nahm des Versuchs halber etliche Tage zweimal täglich jedesmal vier Quentchen gute China ein. Die Füße, die Fingerspitzen u.s.w. wurden mir erst kalt, ich ward matt und schläfrig, dann fing mir das Herz an zu klopfen, mein Puls ward hart und geschwind, eine unleidliche Ängstlichkeit, ein Zittern (aber ohne Schauder), eine Abgeschlagenheit durch alle Glieder, dann Klopfen im Kopfe, Röte der Wangen, Durst, kurz alle mir sonst beim Wechselfieber gewöhnlichen Symptome erscheinen nacheinander, doch ohne eigentliche Fieberschauder." Hahnemann schildert des weiteren noch einige für die Malaria (Wechselfieber) typischen Symptome und beendet deren Aufzählung mit den lapidaren drei Wörtern „und alle erscheinen."

Sobald die Chinarinde-Gaben wiederholt wurden, gab es die gleichen Erscheinungen, die in gleicher Weise abliefen. Hahnemanns Schlußbemerkung zu diesem Selbstversuch: „Ich hörte auf und ich war gesund."

1810 erscheint in erster Auflage das Hauptwerk Hahnemanns, das „Organon der rationellen Heilkunde". „Das Organon", sind Medizinhistoriker überzeugt, „war ein Reformwerk eines genialen Einzelgängers, der der medizinischen Misere jener Epoche ein neues, geschlossenes System entgegenstellte, wie die wechselvolle Geschichte der Heilkunde nur wenige aufzuweisen hat."

Und im Organon erscheint auch die Hauptaussage der Homöopathie erstmals in voller Klarheit: Ähnliches kann durch Ähnliches geheilt werden. Auch die aus dem Griechischen hergeleitete Bezeichnung Homöopathie findet sich hierin erstmals. Bis zu Hahnemanns Tod gab es nicht weniger als fünf Auflagen dieses grundlegenden Buches.

Hahnemann postulierte, lange vor der Ära der Bakteriologie, daß Cholera auf „kleinste Lebewesen" zurückgehe, die von Mensch zu Mensch übertragen würden.

Das Credo der Homöopathie, die Simile-Regel, formulierte Hahnemann so: „Der echte Heilweg, zu welchem ich in diesem Werke die Anleitung gebe: Wähle, um sanft, schnell und dauerhaft zu heilen, in jedem Krankheitsfalle eine Arznei, welche ein ähnliches Leiden für sich erregen kann, als sie heilen soll."

Freilich, Anklänge an das Simile haben wir schon bei Hippokrates, Galen und Paracelsus kennengelernt. Doch sie hatten nie einen nachhaltigen Einfluß auf die Medizin ihrer Zeit, geschweige denn darüber hinaus. Hahnemann hat als erster die Bedeutung dieser Ähnlichkeitsregel erkannt und sie zu einem Grundpfeiler seiner Lehre gemacht.

Bereits 1796 wird das Simile-Prinzip von Hahnemann angesprochen. Er schreibt: „Jedes wirksame Arzneimittel erregt im menschlichen Körper eine Art von eigener Krankheit. Man ahme die Natur nach, welche zuweilen eine chronische Krankheit durch eine andere hinzukommende heilt,und wende in der zu heilenden dasjenige Arzneimittel an, welches eine andere, möglichst ähnliche, künstliche Krankheit zu erregen im Stande ist, und jene wird geheilt werden: Similia similibus."

Hahnemann, der an sich selbst, seiner Familie und seinen Mitarbeitern etwa 100 Mittel erprobt hat, kommt zu dem Schluß: „Deutlich wahrnehmbar muß jede Arznei aussprechen, was sie zuverlässig heilen kann, ehe sie gegen Krankheit angewendet wird." Nach diesem Kriterium werden homöopathische Arzneien an gesunden Menschen geprüft.

In der sechsten noch von ihm bearbeiteten, aber erst nach seinem Tod erschienenen Auflage des Organon schreibt Hahnemann knapp vor seinem Ableben die allzeit gültigen und zeitlosen Worte: „Das höchste Ideal der Heilung ist schnelle, sanfte, dauerhafte Wiederherstellung der Gesundheit, oder Hebung und Vernichtung der

Krankheit in ihrem ganzen Umfange auf dem kürzesten, zuverlässigsten, unnachteiligsten Wege, nach deutlich einzusehenden Gründen."

Noch ein Ausspruch Hahnemanns, den er aufgrund jahrzehntelanger Erfahrung und gewissenhaftester Prüfung von Arzneimitteln niedergelegt hat: „In keinem Fall von Heilung ist es nötig, und deshalb allein schon unzulässig, mehr als eine einzige einfache Arzneisubstanz auf einmal beim Kranken anzuwenden."

Heute, im Zeitalter der wissenschaftlichen Hochleistungsmedizin, gibt es aber nur wenige Patienten, die wirklich nur ein Präparat erhalten. Und das, obwohl man über Zusammenwirken von Arzneimitteln bis heute kaum etwas wirklich Fundiertes weiß.

Die Homöopathie arbeitet mit manchmal extrem hohen Verdünnungen pflanzlicher, tierischer und mineralischer Stoffe. Diese Verdünnungen werden Potenzen genannt. Verwendet werden diese Heilmittel beinahe deckungsgleich mit jenen Indikationen, für die sie seit Jahrtausenden verordnet werden.

Gegen Verletzungen setzt die Homöopathie beispielsweise ein: als Heilmittel bei Fall und Stoß Arnika (Bergwohlverleih), zur Wundheilung Calendula (Ringelblume). „Die Ringelblume gilt heute schon fast als Wundermittel für verschiedene Erkrankungen der Haut", berichten erfahrene Homöopathen. Und zwar werden 20 bis 30 Tropfen der alkoholischen Tinktur in Wasser aufgelöst, damit wird die Wunde gespült, oder es wird ein feuchter Umschlag gemacht, der häufig gewechselt werden sollte. Calendula gibt es aber auch als Salbe, die jedoch nie auf frische Wunden aufgebracht werden sollte.

Gegen Nervenschmerzen verwenden homöopathisch tätige Ärzte das mit dem wissenschaftlichen Fachnamen Hypericum bezeichnete Johanniskraut, welches wir bereits aus der antiken Medizin kennen, und den Beinwell (Symphytum) bei allen Verletzungen, die den Knochen betreffen. Dazu empfiehlt der Homöopathie-Experte Dr. Klaus Connert: 20 bis 30 Tropfen der Tinktur in einem Achtel bis einem Viertel Liter Wasser auflösen und damit Spülungen und Umschläge machen.

Dr. Connert rät unter anderem Menschen, die Autofahrten, Schiffs- oder Flugreisen schlecht vertragen: „Die üblichen Mittel gegen Erbrechen machen meist müde. Die homöopathischen Arzneien sollten möglichst eine Stunde vor Antritt einer Fahrt eingenommen, die Einnahme kann auch während der Fahrt wiederholt werden." Experte Dr. Connert nennt die vier wichtigsten und am meisten verwendeten dieser Mittel: indische Kockelskörner (von den Homöopathen Cocculus genannt), Steinöl, Silbernitrat, Tabak.

Eine kleine Auswahl der in der Homöopathie verwendeten mineralischen Mittel:

Eisenphosphat wird bei allgemeiner Abwehrschwäche empfindlichen, blutarmen Patienten als Ferrum phosphaticum D12 verordnet. Die Ziffer nach dem D besagt, wie stark die Substanz verdünnt ist. Quecksilber, ein schweres Gift, das heute wegen seiner gefährlichen Auswirkungen kaum mehr als „normales" Heilmittel verwendet wird, kommt in der Homöopathie in entsprechender Verdünnung zum Zug. Genauso wie jodierter Schwefel, Kieselsäure, Zinnober. Gegen mangelhafte Kalkeinlagerung in Knochen, besonders nach Brüchen, gibt es die fein zerriebene Schale einer Auster.

Da es der Homöopathie aber in keinem Fall nur um das Einnehmen eines Heilmittels geht, sondern der Arzt auf Grund einer ausführlichen Befragung des Patienten und nach dem Bild, das er sich davon macht, die individuelle Therapie erarbeitet, ist eine Selbstmedikation nicht zielführend. Verantwortungsvolle Homöopathen sagen klipp und klar: Hände weg von Do it yourself. Vertrauen Sie sich unbedingt dem Fachmann an. Nicht zuletzt deswegen, weil es manchmal zu einer „Erstverschlimmerung" kommen kann, deren Handhabung einem Spezialisten überlassen werden sollte.

Was Paracelsus und Hahnemann erarbeitet haben, was die Mediziner des klassischen Altertums festgestellt haben, das faßte der Arzt Dr. Johann Gottfried Rademacher in seiner 1841 fertiggestellten und zwei Jahre danach im Druck erschienenen „Erfahrungsheillehre" zusammen. Aber er ging auch weit über diese Grundlagen hinaus und ergänzte diese durch eigene Erfahrung mit seinem Krankengut. Dr. Rademacher selbst gab seinem Buch den etwas sperrigen Titel: „Rechtfertigung der von den Gelehrten mißkannten verstandesrechten Erfahrungsheillehre der alten scheidekünstigen Geheimärzte und treue Mitteilung des Ergebnisses einer 25jährigen Erprobung dieser Lehre am Krankenbette". Rademacher stellt also kein „philosophisches" Lehrgebäude auf, sondern berichtet über das, was er mit eigenen Augen gesehen hat. Daher auch der Kurztitel, unter dem sein Buch Furore machte: „Erfahrungsheillehre".

Wie Dr. Rademacher dann im Vorwort ausdrücklich betont, ist er „von Hohenheim besser belehrt" worden „als von allen vor und mit mir lebenden Ärzten". So beruft sich der Autor dieses auch heute noch hochinteressanten Buches auf die „alten Geheimärzte" und meint damit durchaus auch die Doctores des Altertums, die zum Beispiel, wie wir unter anderem bei Dioskurides gehört haben, Kupfer, Eisen und kubischen Salpeter als Universalmittel verordnet haben. Wie er aus eigener zwanzigjähriger Erfahrung am Krankenbett ersehen hat, stellt dazu Rademacher fest, „daß sie keine anderen Universalmittel können gehabt haben als diese drei".

Sehen wir uns als Beispiel eines solchen „Universalheilmittels" das Kupfer an und gehen wir den Erfahrungen und Erkenntnissen nach, die Dr. Rademacher damit gewonnen hat. Über dieses Metall berichtet der Verfasser der „Erfahrungsheillehre" folgendermaßen:

„Dieses Metall ist das älteste Universalheilmittel der Geheimärzte. Die Kupferschläger verschlucken täglich eine gute Menge Kupferoxyd. Werden sie denn dadurch krank? Ich habe das nicht bemerkt. Diese Leute verschlucken 30, 40, 50 Jahre lang täglich Kupferoxyd und bleiben gesund. Wie kann dann Kupfer ein der menschlichen Natur nachteiliges Metall sein?" Wie Rademacher außerdem hinzufügt, „ist Kupfer in chronischen und akuten Krankheiten gleich brauchbar".

Rademacher wurde 75 Jahre alt, er konnte also bei der Erstellung seiner „Erfahrungsheillehre“ durchaus auf jahrzehntelange Erfahrung zurückgreifen. Er hat nahezu 53 Jahre als praktischer Arzt gearbeitet.

Man sollte diese Vorgehensweise Rademachers keinesfalls als „unwissenschaftlich“ abtun und damit zur Tagesordnung übergehen. Vielmehr sollte man nicht aus den Augen verlieren, was für die Grenzen der Wissenschaft und der wissenschaftlichen Medizin gilt:

- Wissenschaftliche Erkenntnis ist unvollständig,
- wissenschaftliche Erkenntnis ist instabil,
- wissenschaftliche Erkenntnis ist begrenzt,
- wissenschaftliche Erkenntnis vermittelt keine absolute Wahrheit.

Prof. Schaefer, Heidelberg, meint dazu pointiert: „Gerade der schöpferische Wissenschaftler ist ebenso ein Meisterarchitekt wie Abbruchspezialist. Besonders an vorderster Front der Forschung haben Hypothesen und Theorien nur eine kurze Lebensdauer, sie sind sehr fragile Gebilde des menschlichen Geistes. Die Wissenschaft ist eine notwendige, aber keine hinreichende Grundlage ärztlichen Handelns.“

Nach diesen Streiflichtern auf das medizinische und therapeutische Wissen vergangener Jahrtausende etwas Grundsätzliches: Viele der heute als gültig anerkannten und außer Zweifel gestellten „Naturgesetze“ sind Abstraktionen. Sie sind durch Abstriche an dem, was wirklich „gespielt“ wird, entstanden. Grundgrößen wie zum Beispiel Luftdruck, Schallgeschwindigkeit, Pferdestärke und vieles mehr gelten nur unter eng definierten Voraussetzungen, die in der freien Natur so, wie sie definiert sind, meist nicht vorkommen.

Daher sollte auch heute als Maxime gelten, was bereits Paracelsus ausdrücklich hervorgehoben hat: „Das Licht der Natur unterweise den Arzt. Woraus soll der Arzt reden als aus der Natur, wie sie ihn lehrt? Nicht alleine was im Buch steht, sondern die Krankheiten sollen sein Buch sein.“

10. KAPITEL

Von der Weidenrinde zum Aspirin – ein Beispiel

Eine Heilpflanze, die bereits seit tausenden Jahren von Ärzten, Priestern und Magiern verwendet wird, ist die Weide. Schon sehr früh hat man ihre Fähigkeit, Schmerzen zu bekämpfen, erkannt und auch richtig eingesetzt.

In den Hausgärten der alten Ägypter gehörte die Weide zum festen Bestand. Man pflanzte in diesen Gärten darüber hinaus auch andere wertvolle, medizinisch nutzbare Bäume und Sträucher wie Dattelpalmen, Feigen- und Granatapfelbäume, von denen ebenso wie von der Weide Blätter, blühende Zweige, Früchte und Rinde gegen Schmerzen, Wunden und Schwellungen aller Art angewendet wurden.

Die Weide erwarb sich bald einen besonderen Ruf. Schon die Hochkulturen des Zweistromlandes und später Hippokrates und Galen sollen Weidenrinde als Schmerzmittel eingesetzt haben. Der römische Militärarzt Dioskurides, den viele für den bedeutendsten Heilpflanzenkenner aller Zeiten halten, hat sich mit der Weide und ihren Anwendungen in der Heilkunst sehr ausführlich beschäftigt. Unter anderem verordnete er bei rheumatischen Beschwerden warme Umschläge mit einer Abkochung aus Blättern und Rinde der Weide. Und der römische Arzt Celsus gebrauchte Weidenblätter als Bestandteil eines Umschlags bei Mastdarm- und Gebärmuttervorfall.

Im deutschen Sprachraum wird die Weide als Heilmittel erstmals von Hildegard von Bingen erwähnt. In der Volksheilkunde wurde die Weide – von der es allein in Mitteleuropa etwa 30 Arten gibt –

vielseitig verwendet. So galt die Asche verbrannter Palmkätzchen (Weidenblüten) in Bayern als probates Mittel gegen Kopfweh.

Obwohl also Ärzte und Heiler der Frühzeit die Weide beziehungsweise die in ihr enthaltenen chemischen Stoffe, vor allem die hochwirksame Salicylsäure, höchst nutzbringend anzuwenden verstanden, wurde diese Pflanze in späteren Jahrhunderten als Heilmittellieferant vergessen. Erstmals in neuerer Zeit berichtete 1763 ein englischer Arzt und Priester über Heilerfolge mit Weidenrinde, die er bei Patienten mit fieberhaften Erkrankungen erzielt hatte. Dieser Mann, der sich Edward Stone nannte, versuchte nämlich das Fieber nach der Ähnlichkeitsregel zu kurieren, die in der Medizin seiner Zeit viel angewendet wurde. Einem Prinzip, das schon Paracelsus in seiner berühmten „Theorie der Entsprechungen“ gepredigt hatte und auf dem später auch Hahnemann seine Erkenntnisse, die zur Grundlage der Homöopathie wurden, aufbaute.

Es geht im wesentlichen dabei darum, ein Krankheitsbild durch Pflanzen, die ähnlich aussehen oder in einem ähnlichen Lebensraum anzutreffen sind, zu heilen. Der Annahme folgend, daß Fieber meist in sumpfigen Gegenden vermehrt auftritt, verwendete Stone zur Heilung seiner Kranken Rinde der ebenfalls in sumpfigem Terrain wachsenden Weide. Der Erfolg war so spektakulär, daß Stone eingeladen wurde, vor der hochangesehenen Wissenschafterelite der Royal Society darüber zu berichten.

In breiten Kreisen schenkte man diesem Ergebnis dennoch nur geringe Beachtung. Schließlich kannte man ja bereits seit 1640 auch in Europa die Chinarinde, deren Inhaltsstoff Chinin sich als Fiebermittel durchaus bewährt hatte. Auf die Dauer aber war der Siegeszug des Weidenrindenextraktes, den man inzwischen auch als höchst potentes Schmerzmittel erkannt hatte, nicht aufzuhalten.

1818 wurde die Weidenrinde wegen ihrer fiebersenkenden Eigenschaften in das französische Arzneimittelbuch aufgenommen, 1842 hielt sie Einzug in das offizielle amerikanische Arzneimittelverzeichnis.

1825 produzierte der Münchner Pharmazieprofessor Johann Andreas Buchner mittels Extraktion der Weidenrinde eine gelbe Masse, die er Salicin nannte, abgeleitet vom botanischen Namen der Weide, Salix. Ein Jahr danach gelang es dem französischen Apotheker Leroux, diese Substanz zu kristallisieren. In weiterer Folge setzte das den italienischen Chemiker Raffaele Piria in die Lage, das Salicin zu veredeln.

Der große Bedarf an Salicylsäure konnte jedoch aus den natürlichen Vorkommen bald nicht mehr gedeckt werden. Zwar fanden die Chemiker Salicin nicht nur in der Weidenrinde, sondern auch in Rinde und Blütendolden des Spierstrauches – der ebenfalls auf feuchtem Boden am besten gedeiht – sowie in der amerikanischen Teebeere und in der Pappel, doch wurden auch diese zusätzlichen Quellen nicht als ausreichend empfunden, umso mehr, als die daraus isolierten Stoffe nicht ganz rein waren, was die Dosierung schwierig machte.

(Nur nebenbei: Die Heilkraft der Pappel gegen Schmerzen ist auch schon seit der Antike bekannt. So wurden bei den alten Römern in Essig eingeweichte Pappelblätter als Pflaster zur Linderung von Gichtschmerzen verwendet.)

Angesichts der genannten Problematik suchte man also in der Pharmakologie nach neuen Wegen. Mit Erfolg:

1853 gelang es dem Straßburger Pharmazeuten Friedrich Gerhardt, die Salicylsäure zu analysieren, und mehr noch: Er fand auch die Acetylsalicylsäure (ASS), die heute als Aspirin in aller Welt geschätzt ist.

Gerhardt war aber nicht in der Lage, diese Säure chemisch rein herzustellen, und daher war das Endprodukt seiner Synthesebemühungen auch nicht gut haltbar. Leider konnte er seine Untersuchungen nicht weiterführen, da er kurz nach dieser Entdeckung erst 40jährig starb. Der Marburger Chemieprofessor Hermann Kolbe hat dann 1859 die Synthese der Acetylsalicylsäure erarbeitet und ihre chemische Struktur aufgeklärt. Nach der Optimierung der Syn-

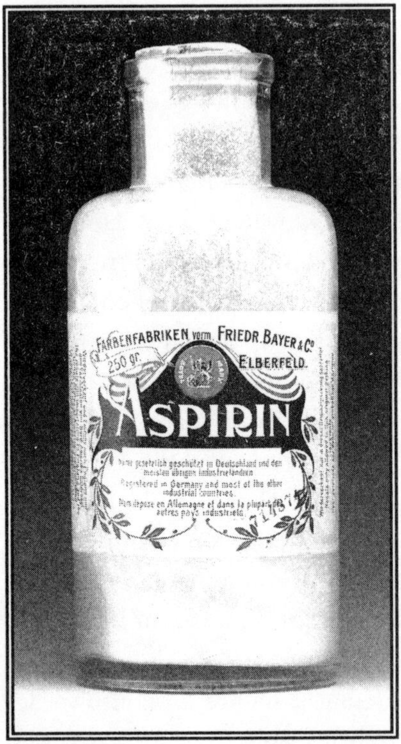

© BAYER Österreich AG

Aspirin war und ist nicht nur in Deutschland, wo es „erfunden“ wurde, ein Medikament, das jeder kennt und schon fast jeder einmal verwendet hat. Aspirin ist längst weltweit zum Begriff geworden

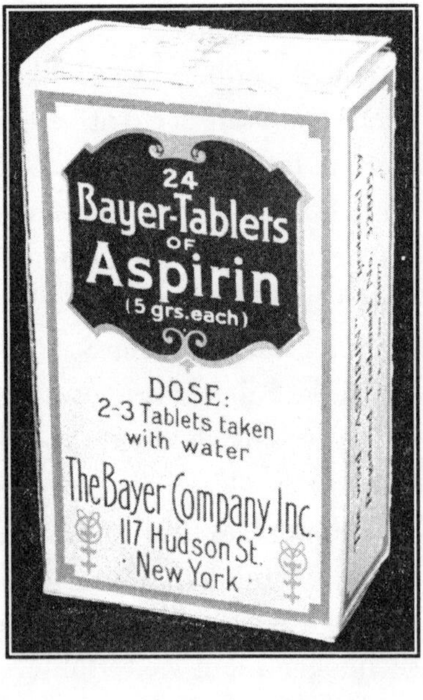

these konnte Salicylsäure 1874 erstmals in großem Umfang fabriksmäßig produziert werden.

Die Fortschritte der Chemie führten schließlich zum endgültigen Durchbruch.

Die schmerzstillenden, entzündungshemmenden, fiebersenkenden Eigenschaften der Weidenrinde waren, wie wir gesehen haben, schon sehr lange bekannt, als es dem deutschen Pharmazeuten und Chemiker Felix Hofmann in seinem 29. Lebensjahr gelang, in den Labors der Pharmafirma Bayer ein ausschlaggebendes Molekül chemisch zu verändern und damit ein „Jahrhundertpräparat", eben das Aspirin, aus der Taufe zu heben. Abgesehen von den üblichen Einsatzgebieten und der bisher erforschten Wirkungsweise kann diese Substanz, wie amerikanische Forscher erst vor einiger Zeit herausfanden, auch die Blutplättchen am Verklumpen hindern.

Hofmann begann seine Karriere als Hilfskraft in einer Apotheke und studierte erst später an der Universität München Pharmazie und Chemie. 1894 trat er in die Firma Bayer ein. Drei Jahre später, am 10. August 1897, gelang es ihm, Aspirin synthetisch in stabiler und reiner Form herzustellen.

Ein Motor für diese chemische Neuentwicklung war Hofmanns Vater, der an Rheuma litt und starke Schmerzen zu ertragen hatte. Die ihm verordnete Salicylsäure vertrug er nur schlecht, und außerdem hatte er eine Aversion dagegen, das Mittel in Pulverform hinunterzuspülen. Die von seinem Sohn im Labor synthetisierte Acetylsalicylsäure hingegen vertrug er ausgezeichnet.

Die pharmakologischen Prüfungen verliefen ausgesprochen positiv. Am 6. März 1899 wurde Aspirin in die „Warenzeichenrolle" des kaiserlichen Patentamtes in Berlin aufgenommen und erhielt die Nummer 36433. Seither ist Aspirin ein „Renner"; heute werden davon jährlich nicht weniger als elf Milliarden Tabletten weltweit in mehr als 70 Ländern verkauft.

Was in diesem chemisch veränderten Weidenrindenextrakt alles drinsteckt, das ist auch heute noch für Überraschungen gut. So

Es gibt keine Epoche der Medizingeschichte, in der nicht jene Grundstoffe genutzt wurden, aus denen Aspirin besteht. Hier zwei historische Plakate, mit denen dieser Pharma-Dauerbrenner angepriesen wird. Seit rund 100 Jahren als Medikament im Umlauf, sorgt Aspirin auch heute noch für Überraschungen und eröffnet neue Einsatzgebiete scheinen wissenschaftliche Studien darauf hinzuweisen, daß Personen, die regelmäßig ASS einnehmen, ein eindeutig verringertes Risiko haben, an Dickdarmkrebs zu erkranken. Möglicherweise gilt das auch für einige andere Krebsarten. Klare Empfehlungen können aber derzeit noch nicht ausgesprochen werden, weil die Untersuchungsergebnisse, so vielversprechend sie sind, noch eindeutiger bestätigt werden müssen. Man weiß auch noch viel zu wenig über die optimale Dosierung, über die Einsatzbereiche und über das Verhältnis zwischen Nutzen und Risiko.

Aspirin war übrigens das erste wichtige Medikament, das in Tablettenform angeboten wurde. Bis dahin bestand die Schmerztherapie vor allem in Gaben pulverförmiger Arzneimittel, die in Wasser aufgelöst werden mußten.

Breitesten Bevölkerungskreisen wurde Aspirin schon bald nach seiner Einführung durch seine Fähigkeit bekannt, kurzfristig wiederholt auftretende leichte Schmerzen zu lindern. Es kam und kommt daher häufig bei Kopfschmerzen zum Einsatz. Heute gibt es Aspirin bereits als Brausetablette, die mit Vitamin C versetzt ist.

11. Kapitel

Natur im Vormarsch

In Costa Rica sind Biologen Tag und Nacht im Dschungel unterwegs, um die Tier- und Pflanzenwelt zu studieren und zu katalogisieren. Gleichzeitig werden die Organismen des Urwalds auch in den Forschungslabors eines namhaften Chemiekonzerns gründlich biochemisch analysiert. So hofft man, eventuell Grundstoffe für Medikamente zu finden, die Tausenden von Menschen ihr Leiden erleichtern oder gar das Leben retten könnten. Der internationale Pharmakonzern Merck Sharp & Dohme stellt dazu sein Know-how zur Verfügung und beteiligt die Biologen, falls sich ein verwertbarer Stoff findet, am Umsatz.

Das ist aber nur ein Beispiel von vielen. Landauf, landab sind nämlich Forscher unterwegs, um die ungenützten Ressourcen der Natur aufzuspüren. Oder, weniger technisch-sachlich ausgedrückt, das jahrmillionenalte Wissen der Natur, das verborgen in Pflanzen und Tieren schlummert, nutz- und heilbringend zu verwerten. So gelang es etwa erst in jüngster Vergangenheit, aus Inhaltsstoffen der kalifornischen Eibe ein potentes Krebsmedikament zu entwickeln. Und durch Nachbauen des wirksamen Moleküls im Labor muß nun nicht mehr dieser Schatz der Natur „geplündert“ werden, sondern man kann diese Substanz in großen Mengen herstellen, ohne daß ein einziger Baum zu Schaden kommt.

Internationale Datenbanken listen einige hundert derartiger Projekte auf. Etwa Untersuchungen, die sich auf Pflanzen Südamerikas konzentrieren, oder ein Projekt, das von Experten des amerikanischen Krebsforschungsinstituts durchgeführt wird und in dessen Rahmen mehr als 100.000 Extrakte aus 3500 Pflanzen untersucht werden. Auch im schwarzen Kontinent sind Forschergruppen unterwegs, um die Medizingeheimnisse des Tropenwaldes zu entschlüsseln. Der größte Regenwald der Erde, jener der Amazonasregion, ist gleichfalls Forschungsziel für Botaniker und Pharmakologen. Wissenschaftler aus Taiwan stürzen sich begierig auf den Pflanzenschatz ihrer Heimat und suchen darin nach neuen Wirkstoffen. Sumatra, Transkai in Südafrika und das Missisippidelta stehen ebenfalls ganz oben auf der Liste der „Pflanzenjäger", die sich beliebig lang fortsetzen ließe.

Ärzte und Botaniker sind aber auch bei „Medizinmännern" und „traditionellen Heilern" unterwegs, um deren Wissen zu bewahren und für uns heutige Menschen nutzbar zu machen. In Belize hat ein solches Forscherteam die Heilmittel der Maya-Medizin aufgearbeitet. Die Botanikerin Dr. Rosita Arvigo und der Arzt Dr. Michael Balick haben diesen Schatz gehoben. Sie stellen fest: „Vor Tausenden von Jahren besaßen die eingeborenen Völker von Mittelamerika bedeutende Zentren des Wissens, wie zum Beispiel medizinische Schulen, an denen der Nutzen der Pflanzen als Heilmittel gelehrt wurde. Mit dem Niedergang dieser Zivilisation und der Ankunft der spanischen Eroberer ging jedoch deren kulturelle Tradition verloren und wurde völlig verboten. Es ist nun unsere Aufgabe, dieses ab der Zeit der Conquista nur mehr mündlich von Generation zu Generation weitergegebene Wissen zu dokumentieren und es allen Interessierten und auch zukünftigen Generationen zugänglich zu machen."

Aus diesen Bemühungen ist aber auch klar erkennbar: Heute wird das „alte Wissen" längst vergangener Völker keineswegs mehr ignoriert oder als „unsinnige Zauberei" abgetan. Langsam, aber doch beginnt der Gedanke Fuß zu fassen: Im Buch der Natur zu lesen kann nur von Vorteil sein.

Wozu in die Ferne schweifen... Dieses „geflügelte Wort" haben sich jene Forscher zum Motto genommen, die ihr besonderes Augenmerk auf die „Volksmedizin" legen. Denn zweifellos liegt auch da ein weites Feld an heilenden Substanzen noch unerkannt brach. Am Institut für Pharmakognosie der Universität Wien wurde in mühevoller Kleinarbeit eine Volksmedizin-Datenbank zusammengestellt. In dieser Dokumentation wird neben den jeweiligen Pflanzen und ihren volkstümlichen Namen auch das „bodenständige Wissen" darüber erfaßt und überprüft.

Bisher sind in diese Datenbank zirka 53.000 Einzelangaben eingeflossen, rund 1000 Drogen unterschiedlichster Herkunft wurden darin erfaßt. Wie sich dabei herausstellte, stammen an die drei Prozent dieser „Volksheilmittel" aus dem Tierreich, nur ein Prozent ist den Mineralstoffen zuzuordnen, alles andere stammt aus dem Pflanzenreich.

Die meisten der örtlich verwendeten Medizinalpflanzen gehören der großen Familie der Korbblütler an (16 Prozent). Bei den Indikationen stehen Erkrankungen des Magen-Darmtraktes mit 18 Prozent im Vordergrund. 15 Prozent der verwendeten Volksmedizin-Produkte werden gegen Hautleiden eingesetzt, 9,2 Prozent zielen auf den Bewegungsapparat ab, 6,9 Prozent der Heilmittel werden angewendet, um Herzerkrankungen zu heilen.

Am österreichischen Heilmittelmarkt sind die pflanzlichen Heilmittel (Phytopharmaka) wertmäßig mit 7,4 Prozent beteiligt. Von den fast 3000 Arzneimittelspezialitäten basieren immerhin elf Prozent auf Pflanzenextrakten. Das betrifft alle Arzneimittelgruppen, angefangen von Kapseln, Dragees, Tabletten, Ampullen über Lösungen bis hin zu Salben und Tees.

Dabei bieten selbst so gut bekannte Pflanzen wie das Johanniskraut immer noch interessante Aspekte für die Wissenschaft. Erst jüngst haben Experten des Zentrums für Komplementärmedizin der englischen Universität Exeter in der Zeitschrift „Fortschritte der Medizin" eine Facharbeit unter dem Titel „Johanniskraut zur antidepressiven Therapie" veröffentlicht. Dabei kommen sie zu dem

Schluß: Hypericum (so der wissenschaftliche Name des Johanniskrauts) kann als ein effektives und nahezu nebenwirkungsfreies Antidepressivum angesehen werden.

Nach Schätzungen von Experten sind heute bereits an die 80 Prozent aller pharmazeutischen Produkte entweder dem Pflanzenreich „abgeschaut" – will heißen: natürlichen Molekülen nachgebaut – oder direkt aus der Natur entnommen. Zahnpasten enthalten die Extrakte des Sonnenhuts, der Kamille, von Myrrhe und Salbei. Die Früchte der Mariendistel, einer Pflanze, die als Heilmittel bis um die Zeit von Christi Geburt zurückverfolgt werden kann, werden heute als Mittel zum Leberschutz eingesetzt. (Umfangreiche wissenschaftliche Untersuchungen haben nämlich ergeben, daß Inhaltsstoffe dieser Pflanze sich besonders gut zur Behandlung chronisch-entzündlicher Lebererkrankungen und der Leberzirrhose eignen. Aber auch Gifte des Knollenblätterpilzes können damit unschädlich gemacht werden.)

Das renommierte englische Marktforschungsinstitut Frost & Sullivan ortet bei den Naturheilmitteln einen kräftigen Aufwind. Die Londoner Ökonomen begründen das mit zunehmender Besorgnis über Nebenwirkungen moderner, längerfristig angewendeter Medikamente. Außerdem führen Sparmaßnahmen in vielen europäischen Ländern dazu, daß viele bisher verwendete Medikamente aus Kostengründen von der Angebotsliste gestrichen werden.

Den größten Markt für Naturheilprodukte stellt laut Frost & Sullivan die Bundesrepublik Deutschland dar. Der am schnellsten wachsende Naturheilkunde-Markt ist jedoch, so betonen die Spezialisten, Großbritannien.

Eine Hitliste der zehn wichtigsten Arzneipflanzen, von deutschen Apothekern und Ärzten zusammengestellt, enthält folgende Gewächse:

▶ Ginkgo biloba, ein Baum, der seit Jahrmillionen die Erde bewohnt und aus dessen Blättern Chemiker Substanzen isolieren konnten, die den Blutfluß durch das Gehirn fördern.

▶ Weißdorn, ein unscheinbarer, selbst in Waldanlagen am Stadtrand gedeihender Strauch, dessen Extrakte die Durchblutung und Blutversorgung des Herzens fördern.

▶ Baldrian, ein Mittel, das in Urgroßmutters Apotheke nicht fehlen durfte, das aber schon seit tausenden Jahren zum Arzneischatz gehört und nach wie vor ein großer „Renner" ist. Baldrian beruhigt, bringt Schlaf – doch worauf diese Wirkung beruht, konnte bisher noch nicht ausfindig gemacht werden.

▶ Knoblauch senkt die Fettwerte im Blut und wurde schon von den alten Ägyptern medizinisch eingesetzt. Knoblauch wirkt auch vorbeugend gegen altersbedingte Gefäßveränderungen.

▶ Die Mariendistel bietet, wie vorhin erwähnt, einen ausgezeichneten Leberschutz vor Alkohol und verschiedenen lebertoxischen Umweltgiften.

▶ Die Sägepalme, auch Sabal genannt, bildet Früchte aus, aus deren Inhaltsstoffen ein Standardmedikament gegen Störungen im Harnfluß entwickelt wurde; ebenfalls ein altbewährtes „Naturprodukt".

▶ Der indische Flohsamen (in unseren Breiten ist vor allem der ihm verwandte Spitzwegerich zu finden) hilft nicht nur bei Durchfall, was auch schon die alten Inder (und nicht nur sie) wußten. Flohsamen senkt auch den Cholesterinspiegel im Blut und reduziert den Blutzuckeranstieg im Körper nach einer Mahlzeit.

▶ Sonnenhut, Kegelblume, Igelkopf wird im Volksmund die von den Wissenschaftlern Echinacea getaufte Pflanze genannt. Extrakte aus deren Wurzel oder dem ganzen Kraut stärken das Immunsystem, bewirken eine Steigerung der Zahl der weißen Blutkörperchen und tun noch einiges mehr, um den Körper zur Abwehr von „Feinden" anzuregen.

▶ Die Samen der Roßkastanie werden gegen Ödeme eingesetzt, bei Venenerkrankungen, Wadenkrämpfen sowie Schweregefühl in den Beinen. Doch diese „Naturmedizin" kann noch einiges mehr – etwa bei Krampfadern oder Weichteilschwellungen nach Operationen Linderung schaffen.

Die Inhaltsstoffe des Weißdorns werden bei Herzbeschwerden auch von der Schulmedizin genutzt. So ist die Weißdorn-Medizin besonders bei der Nachbehandlung von Herzinfarkten ein oft verwendetes Mittel. Ein großer Vorteil dieser pflanzlichen Arznei: Selbst bei Dauergebrauch konnten bisher keine Nebenwirkungen festgestellt werden

Über diese unscheinbare Pflanze, im Deutschen Bergwohlverleih genannt, sagt die Homöopathin Phyllis Speight: „Ich selbst verwende und verordne Arnika seit 30 Jahren in meiner Praxis und staune auch heute noch über die vielfältigen Anwendungsmöglichkeiten dieses Mittels“

Literaturverzeichnis

Allegro, John: Der Geheimkult des heiligen Pilzes,
Verlag Fritz Molden Wien, München, Zürich 1971

Allgeier, Kurt: Die ältesten Heilrezepte der Menschheit,
Ariston Verlag, Kreuzlingen 1996

Arvigo, Rosita, und Balick, Michael: Die Medizin des Regenwaldes,
Windpferd Verlagsgesellschaft m.b.H., Aitrang 1994

Baumgart, Gert: Von Akupunktur bis Zelltherapie,
Ueberreuter, Wien 1995

Berendes, J.: Des Pedanios Dioskurides Arzneimittellehre,
Verlag Ferdinand Enke, Stuttgart 1902

Bäumler, Bettina (Hsg.): Patanjali – Die Wurzeln des Yoga,
Scherz Verlag, Bern, München, Wien 1976

Boussel, Patrice, Bonnemain, Henri, und Bove, Frank:
Geschichte der Pharmazie und der pharmazeutischen Industrie,
Asklepios Press, Paris, Lausanne, o.J.

Brandenburg, Dietrich: Medizin und Magie,
Verlag Bruno Hessling, Berlin o.J.

Daniel-Rops, Henri: Die Umwelt Jesu,
Deutscher Taschenbuch Verlag, München 1980

Das Reich der Magie,
Verlag Arthur Möwig, Rastatt 1988

Dash, Bhagwana: Fundamentals of Ayurvedic medicine,
Konark Publishers, Delhi 1978

Frey, Anne: Pflanzen, Wiege der Medikamente,
Pharma-Information, Basel 1989

▶ Ein traditionelles, altbekanntes Allround-Mittel ist die Kamille. Ihre Blüten sind seit Generationen ein geschätztes Hausmittel und auch in der Geschichte der Pflanzenheilkunde ein überall und immer wieder auftauchender, schlicht unentbehrlicher Bestandteil. Angewendet wird die Kamille, deren ätherische Öle das wirksamste Ingrediens sind, sowohl innerlich (Tee) als auch äußerlich bei Hauterkrankungen als Salbe.

Pflanzen als „Wiege von Medikamenten": Nicht nur das Aspirin, sondern auch eine Reihe anderer sehr bekannter Arzneimittel hat seinen Ursprung im Reiche der Flora. Um nur einige Beispiele zu nennen:

Morphin, ein Inhaltsstoff des Schlafmohns.

Atropin, aus der Tollkirsche isoliert.

Colchicin, ein Medikament gegen Gicht, stammt aus der Herbstzeitlose.

Digitalis, eines der bewährtesten Herzmittel, hat seinen Ursprung im Inneren der Fingerhutpflanze.

Weitere sehr potente Mittel gegen Herzerkrankungen sind ebenfalls dem Pflanzenreich entnommen, Pate standen dabei Maiglöckchen, Meerzwiebel, Exemplare aus der Familie der Hundsgiftgewächse, die Schlingpflanzenart Strophantus, aber auch Lilien-, Hahnenfuß- und Rosengewächse.

Ergotamin, das besonders bei Migräneanfällen zum Zug kommt, wird aus dem giftigen Mutterkornpilz gewonnen. Dieser Pilz ist überdies Lieferant weiterer Heilmittel, die etwa bei Gebärmutterblutungen eingesetzt werden, bei Kreislaufregulationsstörungen und last not least bei Durchblutungsstörungen des Gehirns.

Reserpin, der „Urahn" der Psychopharmaka, ist ein Inhaltsstoff der indischen Rauwolfiapflanze.

Diese Beispiele zeigen, welche Schätze in der Natur zur Verfügung stehen. Und das, obwohl erst ein winziger Bruchteil dessen überhaupt bekannt und erforscht ist, was „Gottes Apotheke" zu bieten hat. In Zahlen ausgedrückt: Von den weltweit rund 400.000 bekannten Pflanzenarten sind rund 13.000 als Gewürz- oder Heilpflanzen (oder beides) genutzt. Dazu Heilpflanzenspezialist Dr. Klaus Görler: „Wenn man aber bedenkt, daß schätzungsweise fünf bis zehn Prozent aller Pflanzenarten erst hinreichend chemisch bzw. pharmakologisch untersucht sind, ist sicherlich noch mit manchem überraschenden Fund in nächster Zeit zu rechnen."

Schon aus diesem Grund ist es ein heller Wahnsinn, den Tropenwald aus kurzsichtiger Profitgier abzuholzen oder niederzubrennen. Der Schaden, der durch solche Maßnahmen entsteht, kann mit Millionen von Menschenleben gleichgesetzt werden, die durch Heilstoffe aus diesem Urwald gerettet werden könnten. Daher sind alle jene, die an der Vernichtung der letzten großen Wälder der Erde beteiligt sind, mit schuld an unsäglichem Leid, an Schmerzen und Tod. Sie tragen aber auch die Verantwortung dafür, daß sich durch ihre Maßnahmen das Klima der Welt verändert und damit neuen Seuchen und schweren Krankheiten Vorschub geleistet wird. Seuchen und Krankheiten, für die der Tropenwald, den sie skrupellos dezimieren, Hunderte von Arzneistoffen parat hält.

Die Gemeinschaft aller zivilisierten Menschen sollte daher energisch dafür eintreten, diesem Raubbau einen Riegel vorzuschieben. Man sollte endlich wahrmachen, was auf internationalen Konferenzen oder auch vor Wahlkampagnen stets auf den Lippen geführt wird: Gesundheit ist unser höchstes Gut. Und wir müssen alles daransetzen, daß dieses höchste Gut auch in höchstem Maße geschützt wird. Wozu unter anderem die Pflanzen des Tropenwaldes einen hervorragenden Beitrag leisten.

Ob die Wissenschaft diesen „Wettlauf mit der Zeit" gegen Holzfäller und Brandroder gewinnt, steht noch in den Sternen. Denn derzeit fehlt der (politische) Wille, energisch einzugreifen und mit allen zu Gebote stehenden Mitteln die noch vorhandenen Arzneischätze aus der „grünen Apotheke" zu heben.

Forscher haben unter anderem herausgefunden, daß eine kleine unscheinbare Urwaldmotte, die in Schwärmen bestimmte Dschungelbäume überfällt, diese dazu bringt, Abwehrstoffe zu produzieren, „Motten-Repellents“, die sich in erster Versuchen als recht erfolgreich gegen das AIDS-Virus erwiesen haben. Was noch alles an überraschenden Heilmitteln im Tropenwald steckt, läßt sich nicht einmal in den kühnsten Träumen erahnen.

Eines steht aber fest: Die Natur hat in einem beinharten Kampf im Laufe vieler Millionen von Jahren gelernt zu überleben.

Sie hat gelernt, mit Feinden, mit Krankheiten umzugehen, sie unschädlich zu machen.

Sie zeigt uns, wie man mit kleinsten Wirkstoffdosen Infektionen niederringt, wie man mit Krebs fertig werden kann.

Sie führt uns vor Augen, daß ein Gemisch an Wirkstoffen die effizienteste Wirkung hat – sie arbeitet praktisch nie mit Monosubstanzen, wie sie in den chemisch erzeugten Medikamenten fast durchgehend verwendet werden..

Die Natur hält uns einen Spiegel vor das Gesicht – wir brauchen nur hinein zu sehen und unsere Konsequenzen daraus zu ziehen. Wir sollten voller Bescheidenheit anerkennen, daß, wie es schon Paracelsus vor nahezu 500 Jahren formulierte, „die Natur der beste Arzt“ ist.

Wir sollten endlich aufhören, klüger sein zu wollen als die Natur. Sie arbeitet optimal, sie bedarf keiner Optimierung durch den Menschen.

Wir sollten endlich damit beginnen, ja zu sagen zu dem, was die Natur uns lehrt.

Je früher, desto besser.

Denn nur so können wir überleben.

Wir können das nur mit der Natur – Hand in Hand mit ihr als Partner und Lehrmeister, aber unter keinen Umständen gegen sie.

Wenn der Mensch das nächste Jahrtausend erleben und überleben will, wird er wohl oder übel den von der Natur vorgezeichneten Weg gehen müssen.

Noch hat er die Entscheidung in der Hand.

Garbe, Richard: Die indischen Mineralien, ihre Namen und die ihnen zugeschriebenen Kräfte,
Verlag Dr. H.A. Gerstenberg, Hildesheim 1974

Germer, Renate: Untersuchung über Arzneipflanzen im alten Ägypten,
Diss. 1979

Friedländer, Ludwig: Sittengeschichte Roms,
Phaidon-Verlag, Wien 1934

Galenus: Die Werke des Galenos,
Hippokrates Verlag, Stuttgart 1939

Hahn, Gernot von, und von Schönfels, Hans-Kaspar: Von der Heilkraft des Wassers,
Weltbild Bücherdienst, Augsburg 1986

Hahn, Gottfried und Marianne: Arznei- und Kulturpflanzen in Vergangenheit und Gegenwart,
Madaus, o.J.

Harsieber, Robert: Jenseits der Schulmedizin,
Edition Va Bene 1993

Hänsel, Rudolf, und Haas, Hans: Therapie mit Phytopharmaka,
Springer-Verlag, Berlin, Heidelberg, New York, Tokio 1983

Hertzka, Dr. Gottfried, und Strehlow, Dr. Wighard: Handbuch der Hildegard-Medizin,
Verlag Hermann Bauer, Freiburg im Breisgau 1987

Herz, Das menschliche Herz. Der herzliche Mensch,
Verlag der Kunst, Dresden, Basel 1995

Hildebrand, Walter (Hrsg.): Vielfalt des Heilens,
Katalog der Ausstellung 1992 in der Kartause Gaming

Hilgenberg, Luise, und Kirfel, Willibald: Vagbhatas, ein altindisches Lehrbuch der Heilkunde,
Brill, Leiden 1941

Homoeopathia internationalis,
Verlag Wilhelm Maudrich, Wien, München, Bern 1993

Illustrierte Geschichte der Medizin,
Andreas & Andreas Verlagsbuchhandlung, Salzburg 1986

Keller, Beat (Hsg.): Krank – warum?,
Cantz Verlag Ostfildern, 1996
(Katalog zur OÖ Landesausstellung 1996)
Kaiser, Ernst: Paracelsus in Selbstzeugnissen und Bilddokumenten,
Rowohlt Taschenbuchverlag, Reinbek bei Hamburg 1966
Keller, Werner: Da aber staunte Herodot,
Droemer Knaur Verlag, München 1972
Knaurs Lexikon der ägyptischen Kultur,
Droemersche Verlagsanstalt, München 1978
Koch, Eugen: Ärzte, die Geschichte machten,
Hofmann Verlag, Augsburg 1989
Kollesch, Jutta, und Nickel, Diethard: Antike Heilkunst,
Verlag Philipp Reclam jr., Stuttgart 1994
Koopowitz, Harold, und Kaye, Hilary: Der Tod der Pflanzen,
Ullstein, Berlin 1989
Kratochvil, Helmut: Lexikon exotischer Früchte,
Verlag Brüder Hollinek, Wien 1995
Lee, Florence: Facts about Ginseng,
Hollym, New Jersey 1992
Leung, Albert: Chinesische Heilkräuter,
Eugen Diederichs Verlag, München 1985
Malina, Bruce: The New Testament World,
John Knox Press, Atlanta 1981
Mason, Stephen: Geschichte der Naturwissenschaft,
Alfred Kröner Verlag, Stuttgart 1974
Miers, Horst E.: Lexikon des Geheimwissens,
Wilhelm Goldmann Verlag, München 1976
Murthy, Anjneya: Ayurvedic Cure for Common Diseases,
Orient Paperbacks, 1982
Murthy, Srikantha: Docrines of pathology in Ayurveda,
Chaukhambha Orientala, Delhi 1899
Nadkarni, K.M.: Indian materia medica,
Popular press, Bombay 1976

Ody, Penelope: Kräuter-Hausapotheke,
Bertelsmann Club 1996
Paracelsus: Vom Licht der Natur und des Geistes,
Reclam, Stuttgart 1970
Peters, Hermann: Der Arzt und die Heilkunst in alten Zeiten,
Eugen Diederichs Verlag, Düsseldorf-Köln 1969
Plinius der Ältere: Historia naturalis,
Greno Verlagsgesellschaft, Nördlingen 1987
Pötzsch, Regine [Hrsg:] Die Apotheke – historische Streiflichter,
Edition Roche, Basel 1996
Pollak, Kurt: Die Heilkunde der Antike,
Econ Verlag, Düsseldorf und Wien 1969
ders.: Wissen und Weisheit der alten Ärzte,
Econ-Verlag, Düsseldorf und Wien 1968
Porkert, Manfred: Die chinesische Medizin,
Econ Verlag Düsseldorf, Wien 1982
Probst, Christian: Fahrende Heiler und Heilmittelhändler,
Rosenheimer Verlagshaus, Rosenheim o.J.
Pschyrembel: Wörterbuch Naturheilkunde,
Walter de Gruyter, Berlin, New York 1996
Rätsch, Christian: Die Heilkräuter der Antike,
Eugen Diederichs Verlag, München 1995
Saggs, Henry William: Mesopotamien,
Magnus Verlag, Essen 1975
Scarborough, John: Roman Medicine,
Thames and Hudson, London 1963
Schumacher, Josef: Die Anfänge der abendländischen Medizin in der griechischen Antike,
Kohlhammer Verlag, Stuttgart, 1965
Shankara: Das Kleinod der Unterscheidung,
Otto Wilhelm Barth Verlag, München 1981
Stammel, Heinz: Die Apotheke Manitous,
Rowohlt Verlag, Reinbek bei Hamburg 1986

Tedlock, Barbara und Dennis: Über den Rand des tiefen Canon,
Eugen Diederichs Verlag, Düsseldorf, Köln 1975

Thorwald, Jürgen: Macht und Geheimnis der frühen Ärzte,
Droemersche Verlagsanstalt Th. Knaur Nachfolger, München 1967

Uccusic, Paul: Doktor Biene,
Wilhelm Heyne Verlag, München 1982

Ullmann, Manfred: Die Medizin im Islam,
E.J.Brill, Leiden/Köln 1970

Veith, Ilza: Medizin in Tibet,
Bayer Leverkusen, wissenschaftliche Abteilung, o.J.

Vogel, Martin: Die Erfahrungsheillehre von Johann Gottfried Rademacher,
Hippokrates Verlag, Stuttgart 1943

Vogel, Virgil: American Indian Medicine,
University of Oklahoma Press, 1970

Wallnöfer, Heinrich: Der Arzt in der indischen Kultur,
Fink Verlag, Stuttgart 1966

Weiß, Rudolf Fritz: Lehrbuch der Phytotherapie,
Hippokrates Verlag, Stuttgart 1985

Whittel, Tyler: Pflanzenjäger,
Prestel-Verlag, München 1971

Wilke, Georg: Die Heilkunde in der europäischen Vorzeit,
Curt Rabitzsch Verlag, Dresden 1936